"

한자를 잘 알면 문해력도 뛰어날까요?
그렇습니다!
우리말의 70% 이상이 한자로 이루어진 한자어이기 때문에
한자를 잘 알면 모르는 단어의 뜻을 유추할 수 있어서
글을 읽고 이해하는 능력이 높아지는 것이지요.

한자 공부는 어떻게 해야 할까요?
한자는 낱글자 하나하나를 무작정 암기하기보다는
그 한자가 쓰인 한자어를 함께 익히는 것이 효율적이에요.
그래야 우리말 어휘 실력도 쑥쑥 늘어난답니다.

한자 급수 시험에 도전하는 건 어떨까요?
한자 급수 시험은 일상 언어생활에서 많이 사용되는
기초 한자와 한자어를 수준별로 익히는 것이 목표랍니다.
그래서 한자 급수 시험은 체계적인 한자 공부와 함께
'합격'이라는 성취감을 맛볼 수 있는 좋은 도전이지요.

한자 급수 시험은 어떻게 준비하면 좋을까요?
"하루 한장 급수 한자"로 쉽고 재미있게 시작해 보세요.
완벽한 시험 대비는 물론, 우리말 어휘력과 문해력까지 꽉 잡는
일석이조(一石二鳥)의 효과를 볼 수 있답니다.

"

이 책의 구성과 특징

주제별 매일 학습

서로 관련 있는 한자를 모아 하루에 두 자씩 익혀요.

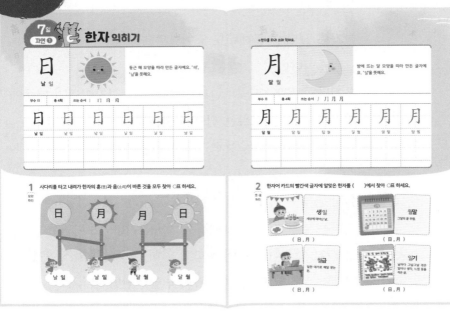

- 한자의 모양과 만든 원리를 함께 익히고, 쓰는 순서에 맞게 따라 쓰며 한자를 익힙니다.

- 놀이형 문제를 풀며 급수 한자와 한자가 쓰인 한자어를 재미있게 익힙니다.

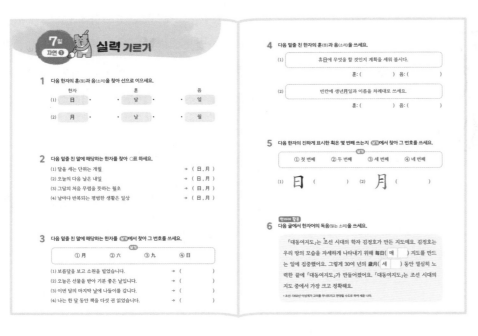

- 한자능력검정시험 유형에 가까운 기초 문제를 풀면서 한자 실력을 키우고 급수 시험 문제 유형도 익힙니다.

- 교과서와 실생활에서 접한 한자어가 쓰인 짧은 지문을 읽으며 한자어 활용 능력을 향상시킵니다.

❝ 매일매일 한자와 한자어를 익혀 어휘력을 키워요! ❞

주제별로 학습한 한자를 모아 정리하고 복습해요.

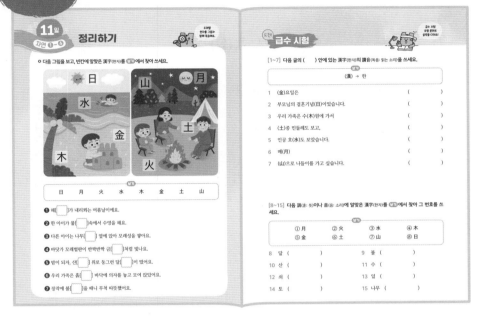

주제별 한자를 그림으로 한눈에 확인하고, 자주 쓰이는 한자 표현을 문장에 적용하며 깊이 있게 이해합니다.

한자능력검정시험의 기출 유형 문제를 40문제씩 풀어 보며 문제 해결 능력을 기르고, 시험에 대한 자신감을 높입니다.

한자능력검정시험 대비 모의 시험 1~3회

한자능력검정시험 유사 문제를 풀며 실전 감각을 기르고, 실제 한자능력검정시험을 완벽하게 대비합니다

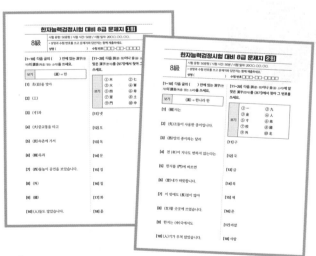

특별부록

8급 배정 한자 브로마이드

이 책의 차례

숫자
한자

1일	一 한 일	二 두 이	6쪽
2일	三 석 삼	四 넉 사	10쪽
3일	五 다섯 오	六 여섯 륙(육)	14쪽
4일	七 일곱 칠	八 여덟 팔	18쪽
5일	九 아홉 구	十 열 십	22쪽
6일	[1~5일] 정리하기		26쪽

자연
한자

7일	日 날 일	月 달 월	30쪽
8일	火 불 화	水 물 수	34쪽
9일	木 나무 목	金 쇠 금 / 성 김	38쪽
10일	土 흙 토	山 메 산	42쪽
11일	[7~10일] 정리하기		46쪽

사람
한자

12일	人 사람 인	女 여자 녀(여)	50쪽
13일	父 아비 부	母 어미 모	54쪽
14일	兄 형 형	弟 아우 제	58쪽
15일	寸 마디 촌	長 긴 장	62쪽
16일	[12~15일] 정리하기		66쪽

학교 한자

17일	學 배울 학	校 학교 교	70쪽
18일	教 가르칠 교	室 집 실	74쪽
19일	先 먼저 선	生 날 생	78쪽
20일	靑 푸를 청	白 흰 백	82쪽
21일	[17~20일] 정리하기		86쪽

나라 한자

22일	韓 한국 / 나라 한	國 나라 / 국가 국	90쪽
23일	王 임금 왕	民 백성 민	94쪽
24일	軍 군사 군	萬 일만 만	98쪽
25일	門 문 문	年 해 년(연)	102쪽
26일	[22~25일] 정리하기		106쪽

상대자 한자

27일	大 큰 대	小 작을 소	110쪽
28일	東 동녘 동	西 서녘 서	114쪽
29일	南 남녘 남	北 북녘 북 / 달아날 배	118쪽
30일	外 바깥 외	中 가운데 중	122쪽
31일	[27~30일] 정리하기		126쪽

| 🖊 바른 답 | 130쪽 |
| 📖 한자능력검정시험 대비 8급 모의 시험 1~3회 | 137쪽 |

한자 익히기

一 한 일		막대기 한 개를 옆으로 눕힌 모양 또는 손가락 하나를 옆으로 편 모양을 나타낸 글자예요. '하나', '첫째', '첫 번째'를 뜻해요.

부수 一	총 1획	쓰는 순서 一

一	一	一	一	一	一
한 일	한 일	한 일	한 일	한 일	한 일

1 꽃잎에 쓰인 한자의 훈(뜻)과 음(소리)을 찾아 선으로 이으세요.

모양
확인

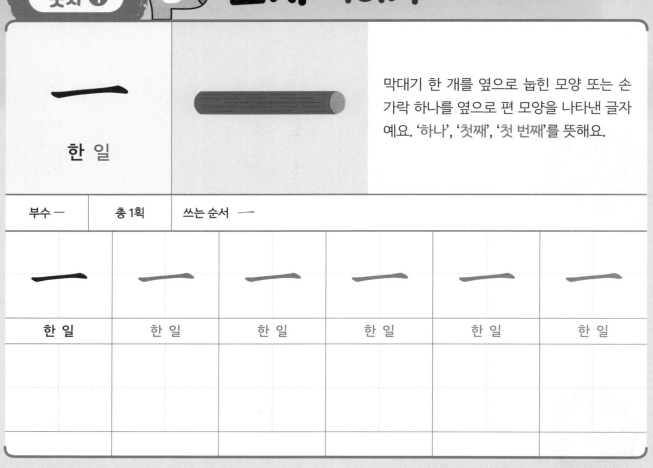

한 일   두 이

● 한자를 따라 쓰며 익혀요.

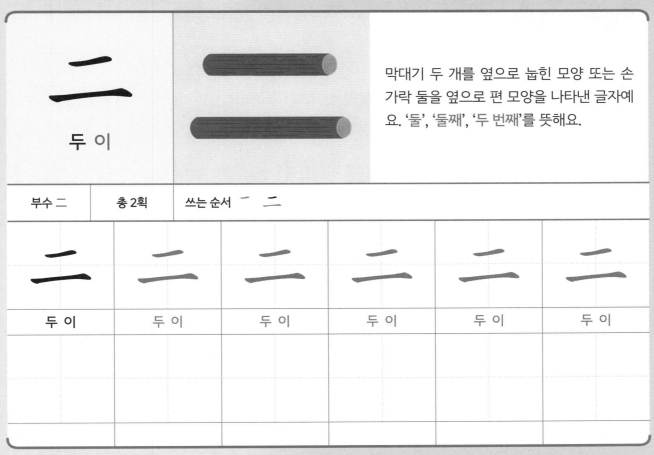

부수 二	총 2획	쓰는 순서 ㅡ 二

막대기 두 개를 옆으로 눕힌 모양 또는 손가락 둘을 옆으로 편 모양을 나타낸 글자예요. '둘', '둘째', '두 번째'를 뜻해요.

두 이

二	二	二	二	二	二
두 이	두 이	두 이	두 이	두 이	두 이

2 한자어 카드의 빨간색 글자에 알맞은 한자를 찾아 V표 하세요.

훈·음
확인

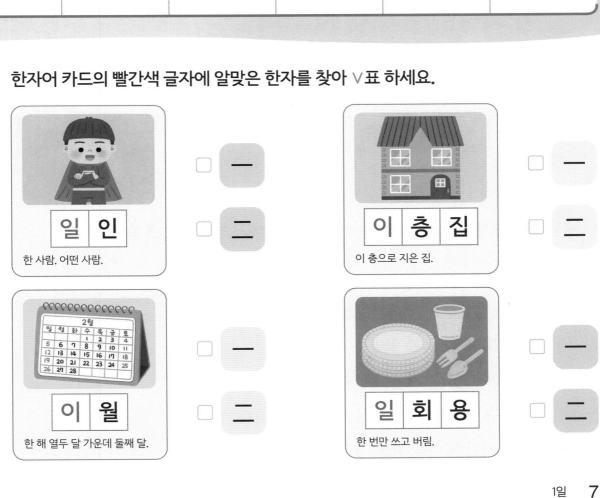

일 **인**

한 사람. 어떤 사람.

☐ 一
☐ 二

이 층 집

이 층으로 지은 집.

☐ 一
☐ 二

이 월

한 해 열두 달 가운데 둘째 달.

☐ 一
☐ 二

일 회 용

한 번만 쓰고 버림.

☐ 一
☐ 二

실력 기르기

1 다음 한자의 훈(뜻)과 음(소리)을 찾아 선으로 이으세요.

한자	훈	음
(1) 一 ·	· 한 ·	· 이
(2) 二 ·	· 두 ·	· 일

2 다음 밑줄 친 말에 해당하는 한자를 찾아 ○표 하세요.

(1) 전체 중에서 한 부분은 일부 → (一 , 二)

(2) 십의 두 배가 되는 수는 이십 → (一 , 二)

(3) 두 겹 또는 두 번 겹친 것은 이중 → (一 , 二)

(4) 어떤 단체나 모임의 모든 사람은 일동 → (一 , 二)

3 다음 밑줄 친 말에 해당하는 한자를 보기 에서 찾아 그 번호를 쓰세요.

> 보기
>
> ① 一   ② 二

(1) 어제 책 한 권을 읽었습니다. → (   )

(2) 짝이 사탕 한 개를 주었습니다. → (   )

(3) 친구 두 명과 함께 떡볶이를 먹었습니다. → (   )

(4) 두 사람이 손을 잡고 나란히 걷고 있습니다. → (   )

4 다음 밑줄 친 한자의 훈(뜻)과 음(소리)을 쓰세요.

(1)

> 결혼식에 <u>一</u>가친척이 모두 모였습니다.

훈: (   ) 음: (   )

(2)

> 오늘 낮 최고 기온은 <u>二</u>십 도까지 오를 예정입니다.

훈: (   ) 음: (   )

5 다음 한자의 진하게 표시한 획은 몇 번째 쓰는지 보기에서 찾아 그 번호를 쓰세요.

보기

① 첫 번째   ② 두 번째

(1) 一 (   )   (2) 二 (   )

한자어 활용

6 다음 글에서 한자어의 독음(읽는 소리)을 쓰세요.

> 하루가 지나면 새로운 하루가 와요. 하루는 二十四(십 사) 시
> 간이에요. 하루가 7번이면 一週日(주 일)이고, 하루가 30번이나
> 31번이면 한 달이지요. 그리고 하루가 365번 지나면 한 해가 간답니다.
> 한 해의 첫날은 1월 1일이고, 한 해의 第一(제   ) 마지막 날은 12월
> 31일이에요.
>
> * 해: 지구가 태양을 한 바퀴 도는 동안. 열두 달.

2일 숫자 ② 한자 익히기

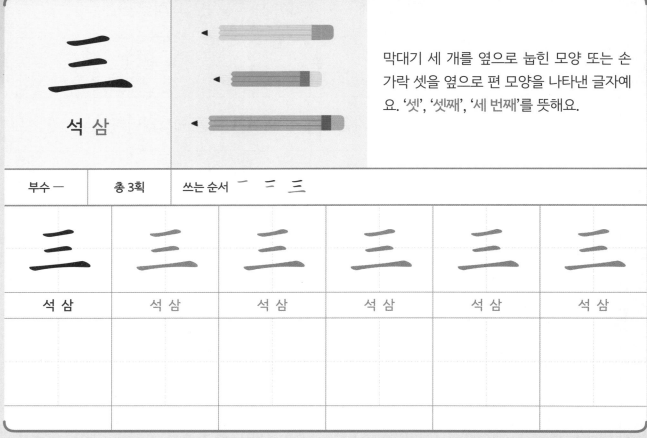

三
석 삼

막대기 세 개를 옆으로 눕힌 모양 또는 손가락 셋을 옆으로 편 모양을 나타낸 글자예요. '셋', '셋째', '세 번째'를 뜻해요.

부수 一	총 3획	쓰는 순서 一 二 三

三	三	三	三	三	三
석 삼	석 삼	석 삼	석 삼	석 삼	석 삼

1 과일에 쓰인 한자의 훈(뜻)과 음(소리)을 바르게 쓴 것을 모두 찾아 색칠하세요.

모양
확인

● 한자를 따라 쓰며 익혀요.

四	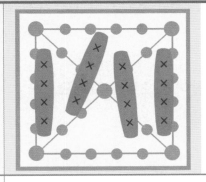	막대기 네 개를 옆으로 눕힌 모양에서 지금의 모양으로 바뀐 글자예요. '넷', '넷째', '네 번째'를 뜻해요.
넉 사		

부수 口	총 5획	쓰는 순서	丨 冂 冂 四 四

四	四	四	四	四	四
넉 사	넉 사	넉 사	넉 사	넉 사	넉 사

2 그림이 나타내는 한자어에 공통으로 들어간 한자를 찾아 ○표 하세요.

훈·음
확인

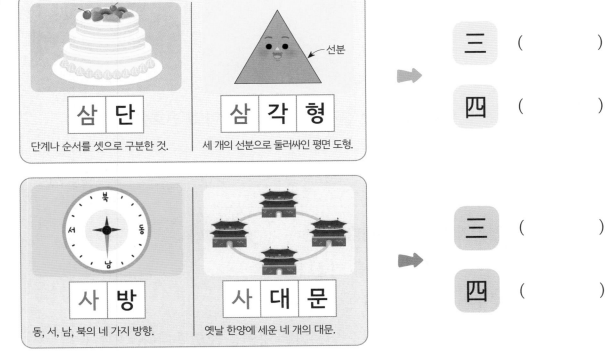

삼	단

단계나 순서를 셋으로 구분한 것.

삼	각	형

세 개의 선분으로 둘러싸인 평면 도형.

➡ 三 (　　　)
　　四 (　　　)

사	방

동, 서, 남, 북의 네 가지 방향.

사	대	문

옛날 한양에 세운 네 개의 대문.

➡ 三 (　　　)
　　四 (　　　)

2일　11

실력 기르기

1 다음 한자의 훈(뜻)과 음(소리)을 찾아 선으로 이으세요.

한자	훈	음
(1) 三 ·	· 석 ·	· 사
(2) 四 ·	· 넉 ·	· 삼

2 다음 밑줄 친 말에 해당하는 한자를 찾아 ○표 하세요.

(1) 아침, 점심, 저녁의 세 끼니는 <u>삼</u>시   → (三 , 四)

(2) 세 가지의 색으로 이루어진 <u>삼</u>색 나물   → (三 , 四)

(3) 한자 네 자로 이루어진 말은 <u>사</u>자성어   → (三 , 四)

(4) 네 가지의 전통 악기를 연주하는 <u>사</u>물놀이   → (三 , 四)

3 다음 밑줄 친 말에 해당하는 한자를 보기에서 찾아 그 번호를 쓰세요.

보기

① 三	② 一	③ 二	④ 四

(1) <u>세</u> 명씩 짝을 지어 봅니다.   → (   )

(2) 이모는 강아지 <u>네</u> 마리를 키웁니다.   → (   )

(3) 이 로봇은 <u>세</u> 가지 모양으로 변신합니다.   → (   )

(4) 서로 다른 <u>네</u> 개의 악기로 연주하는 공연을 보았습니다.   → (   )

4 다음 밑줄 친 한자의 훈(뜻)과 음(소리)을 쓰세요.

(1)
> 내 **四**촌 동생은 제주도에 삽니다.

훈: (   ) 음: (   )

(2)
> 한국, 중국, 일본 **三**국이 모여 회의를 합니다.

훈: (   ) 음: (   )

5 다음 한자의 진하게 표시한 획은 몇 번째 쓰는지 **보기**에서 찾아 그 번호를 쓰세요.

보기
> ① 첫 번째   ② 두 번째   ③ 세 번째   ④ 네 번째

(1) 三 (   )   (2) 四 (   )

한자어 활용

6 다음 글에서 한자어의 독음(읽는 소리)을 쓰세요.

> 우리나라는 봄, 여름, 가을, 겨울의 **四季節**(　　계　절　)이 있어요. 그리고 **三面**(　　면　)이 바다로 둘러싸여 있어 날씨 변화가 복합적으로 나타나요. 특히 여름과 겨울의 *기온과 *강수량의 차이가 크답니다. 여름에는 무덥고 비가 많이 내리고, 겨울에는 매우 춥고 건조해요.
>
> * 기온: 공기의 온도.
> * 강수량: 일정한 기간에 일정한 곳에 비, 눈 등이 내려 생기는 물의 양.

한자 익히기

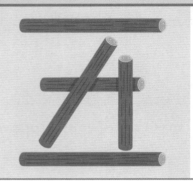

五
다섯 오

막대기를 겹쳐서 엇갈려 놓은 모양을 나타낸 글자예요. '다섯', '다섯째', '다섯 번째'를 뜻해요.

부수 二	총 4획	쓰는 순서 一 丁 五 五

五	五	五	五	五	五
다섯 오	다섯 오	다섯 오	다섯 오	다섯 오	다섯 오

1 물건에 쓰인 한자의 훈(뜻)과 음(소리)을 바르게 쓴 것을 각각 찾아 ○표 하세요.

모양
확인

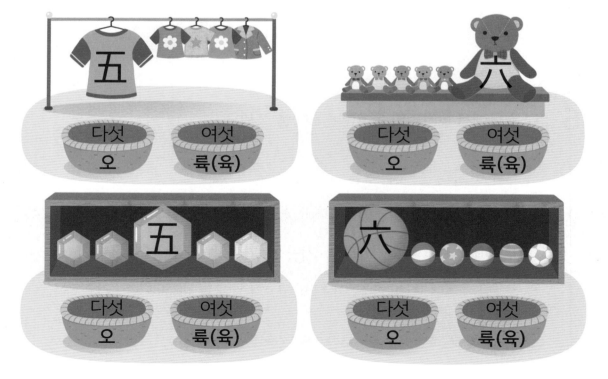

● 한자를 따라 쓰며 익혀요.

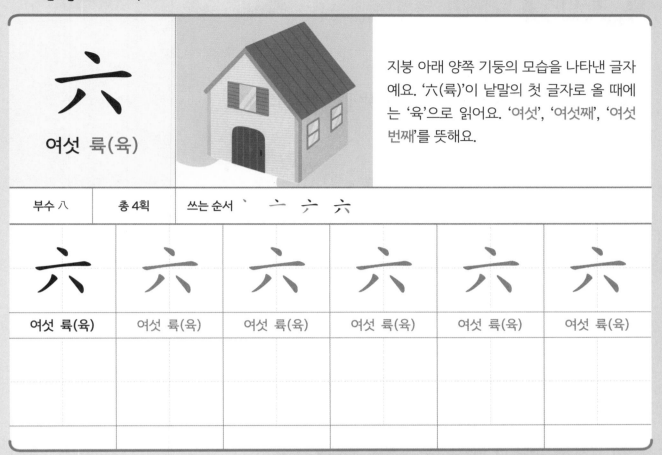

六
여섯 륙(육)

지붕 아래 양쪽 기둥의 모습을 나타낸 글자예요. '六(륙)'이 낱말의 첫 글자로 올 때에는 '육'으로 읽어요. '여섯', '여섯째', '여섯 번째'를 뜻해요.

부수 八	총 4획	쓰는 순서 ` 一 亠 六

六	六	六	六	六	六
여섯 륙(육)	여섯 륙(육)	여섯 륙(육)	여섯 륙(육)	여섯 륙(육)	여섯 륙(육)

2 한자어 카드의 빨간색 글자에 알맞은 한자를 찾아 선으로 이으세요.

훈·음 확인

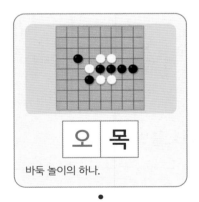

오 목

바둑 놀이의 하나.

육 반

오 선 지

악보를 그릴 수 있게 오선을 그은 종이.

五

六

실력 기르기

1 다음 한자의 훈(뜻)과 음(소리)을 찾아 선으로 이으세요.

한자	훈	음
(1) 五 •	• 여섯 •	• 오
(2) 六 •	• 다섯 •	• 륙(육)

2 다음 밑줄 친 말에 해당하는 한자를 찾아 ○표 하세요.

(1) 오에 일을 더한 수는 육 → (五 , 六)

(2) 5일마다 한 번씩 서는 시장은 오일장 → (五 , 六)

(3) 쌀, 보리, 콩, 조, 기장의 다섯 가지 곡식은 오곡 → (五 , 六)

(4) 기사에 '누가, 언제, 어디서, 무엇을, 어떻게, 왜'를 쓰는 육하원칙 → (五 , 六)

3 다음 밑줄 친 말에 해당하는 한자를 보기에서 찾아 번호를 쓰세요.

보기

① 三	② 五	③ 六	④ 四

(1) 연필 다섯 자루를 깎았습니다. → ( )

(2) 피아노를 배운 지 여섯 달이 지났습니다. → ( )

(3) 곤충은 여섯 개의 다리를 가지고 있습니다. → ( )

(4) 사람의 다섯 가지 감각을 오감이라고 합니다. → ( )

4 다음 밑줄 친 한자의 훈(뜻)과 음(소리)을 쓰세요.

(1)
> 五륜기는 올림픽을 상징하는 깃발입니다.

훈: (   ) 음: (   )

(2)
> 할아버지의 연세는 올해로 六십 세이십니다.

훈: (   ) 음: (   )

5 다음 한자의 진하게 표시한 획은 몇 번째 쓰는지 보기 에서 찾아 그 번호를 쓰세요.

보기

① 첫 번째   ② 두 번째   ③ 세 번째   ④ 네 번째

(1) 五 (   )   (2) 六 (   )

한자어 활용

6 다음 글에서 한자어의 독음(읽는 소리)을 쓰세요.

> 도형 중에서 ⬠은 다섯 개의 *선분으로 둘러싸인 五角形(☐ 각 형)이에요. 이 모양은 축구공을 만든 조각들에서 찾아볼 수 있어요. 그리고 ⬡은 여섯 개의 선분으로 둘러싸인 六角形(☐ 각 형)이에요. 이 모양은 벌집에서 찾아볼 수 있어요.
>
> * 선분: 직선(곧은 선) 위에서 그 위의 두 점에 한정된 부분.

한자 익히기

七 일곱 칠		칼로 무엇을 벤 모양을 나타낸 글자예요. '일곱', '일곱째', '일곱 번째'를 뜻해요.

부수 一	총 2획	쓰는 순서 一 七

七	七	七	七	七	七
일곱 칠	일곱 칠	일곱 칠	일곱 칠	일곱 칠	일곱 칠

1 그림에 있는 한자의 개수를 세어 쓰세요.

모양 확인

→ 일곱 칠: (   )개, 여덟 팔: (   )개

● 한자를 따라 쓰며 익혀요.

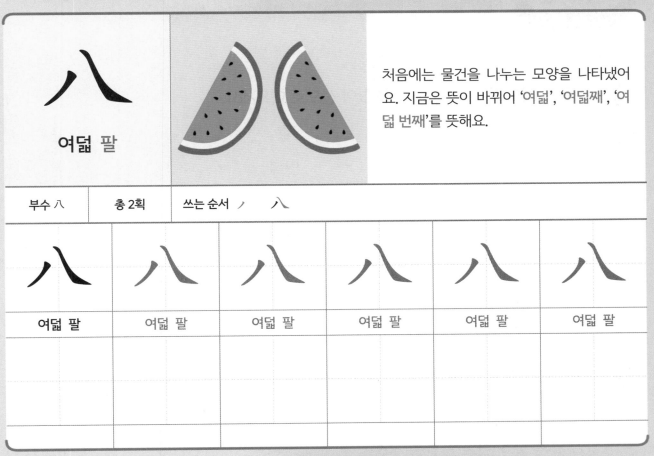

八 여덟 팔		처음에는 물건을 나누는 모양을 나타냈어요. 지금은 뜻이 바뀌어 '여덟', '여덟째', '여덟 번째'를 뜻해요.

부수 八	총 2획	쓰는 순서 ノ 八

八	八	八	八	八	八
여덟 팔	여덟 팔	여덟 팔	여덟 팔	여덟 팔	여덟 팔

2 한자에 어울리는 그림을 찾아 ∨표 하세요.

훈·음 확인

☐ 팔 방
여러 방향이나 방면.

七

☐ 칠 교 판
일곱 개의 도형 조각으로 이루어진 판.

칠십에도 매일 운동해야지!

☐ 칠 십
10을 일곱 번 더한 수.

八

한자능력 검정시험 8급

☐ 팔 급
한자능력검정시험 가운데 한 급수.

1 다음 한자의 훈(뜻)과 음(소리)을 찾아 선으로 이으세요.

한자	훈	음
(1) 七 ·	· 여덟 ·	· 칠
(2) 八 ·	· 일곱 ·	· 팔

2 다음 밑줄 친 말에 해당하는 한자를 찾아 ○표 하세요.

(1) 여든 살을 이르는 말은 팔순 → (七 , 八)

(2) 일흔 살을 이르는 말은 칠순 → (七 , 八)

(3) 일 년 열두 달 가운데 여덟째 달은 팔월 → (七 , 八)

(4) 견우와 직녀가 오작교에서 만난 날은 칠석 → (七 , 八)

3 다음 밑줄 친 말에 해당하는 한자를 보기 에서 찾아 그 번호를 쓰세요.

보기

① 七   ② 八   ③ 六   ④ 五

(1) 문어는 다리가 여덟 개입니다. → (   )

(2) 우리 엄마는 일곱 남매 중 막내입니다. → (   )

(3) 놀이터에서 여덟 명의 친구와 술래잡기를 했습니다. → (   )

(4) 일곱 번 넘어져도 여덟 번 일어난다는 말을 기억합시다. → (   )

4 다음 밑줄 친 한자의 훈(뜻)과 음(소리)을 쓰세요.

(1)
> 강당에 <u>七</u>십 명의 학생이 모였습니다.

훈: (   ) 음: (   )

(2)
> 조선 시대에 우리나라를 8개의 도로 나누어 '<u>八</u>도'라고 불렀습니다.

훈: (   ) 음: (   )

5 다음 한자의 진하게 표시한 획은 몇 번째 쓰는지 보기에서 찾아 그 번호를 쓰세요.

보기
> ① 첫 번째   ② 두 번째

(1) 七 (   ) (2) 八 (   )

한자어 활용
6 다음 글에서 한자어의 독음(읽는 소리)을 쓰세요.

엄마: 이 사진 속 일곱 개의 별은 北斗七星(북 두 [ ] 성)이야. 북
쪽 하늘에서 국자 모양을 이루며 밝게 빛나고 있지.

라온: 一([ ]), 二([ ]), 三([ ]) …… 七([ ]), 八([ ]). 별이 일곱
개가 아니라 여덟 개인걸요?

엄마: 북두칠성의 여섯 번째 별이 원래 두 개인데 아주 가까이 붙어 있어
서 하나처럼 보인단다. 라온이는 눈이 좋아서 별 두 개를 다 보았네.

한자 익히기

九 아홉 구		팔을 구부린 모양을 나타낸 글자예요. '아홉', '아홉째', '아홉 번째' 또는 '많다'를 뜻해요.
부수 乙	총 2획	쓰는 순서 ノ 九

九	九	九	九	九	九
아홉 구	아홉 구	아홉 구	아홉 구	아홉 구	아홉 구

1 기차 바퀴에 쓰인 훈(뜻)과 음(소리)에 맞는 한자를 모두 찾아 색칠하세요.

모양
확인

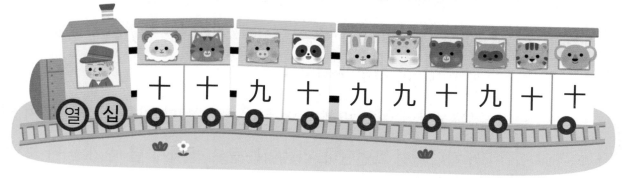

● 한자를 따라 쓰며 익혀요.

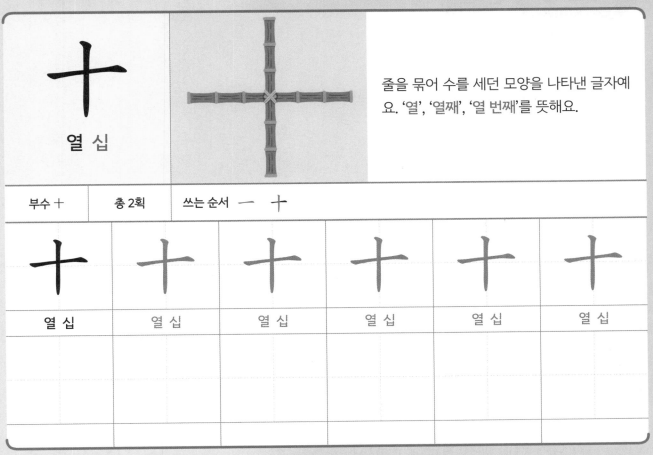

十	十	十	十	十	十
열 십	열 십	열 십	열 십	열 십	열 십

十

열 십

줄을 묶어 수를 세던 모양을 나타낸 글자예요. '열', '열째', '열 번째'를 뜻해요.

부수 十	총 2획	쓰는 순서 一 十

2 그림과 관련 있는 한자어를 찾아 선으로 이으세요.

훈·음
확인

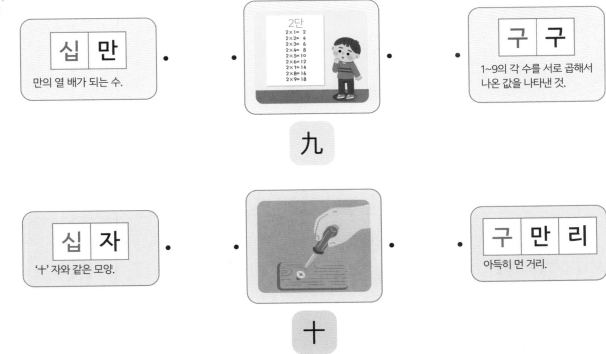

십 만
만의 열 배가 되는 수.

·   ·

·
구 구
1~9의 각 수를 서로 곱해서
나온 값을 나타낸 것.

九

십 자
'十'자와 같은 모양.

·   ·

·
구 만 리
아득히 먼 거리.

十

실력 기르기

1 다음 한자의 훈(뜻)과 음(소리)을 찾아 선으로 이으세요.

한자	훈	음
(1) 九 ·	· 열 ·	· 십
(2) 十 ·	· 아홉 ·	· 구

2 다음 밑줄 친 말에 해당하는 한자를 찾아 ○표 하세요.

(1) 불이 나서 신고할 때는 일일<u>구</u> → (九 , 十)

(2) <u>십</u>의 여덟 배가 되는 수는 팔십 → (九 , 十)

(3) 꼬리가 아홉 개 달린 여우는 <u>구</u>미호 → (九 , 十)

(4) 실을 <u>십</u>자 모양으로 엇갈리게 놓는 수는 십자수 → (九 , 十)

3 다음 밑줄 친 말에 해당하는 한자를 보기 에서 찾아 그 번호를 쓰세요.

보기

① 十   ② 六   ③ 九   ④ 二

(1) 술래가 <u>열</u>을 세었습니다. → (   )

(2) 은행은 <u>아홉</u> 시에 문을 엽니다. → (   )

(3) 상자 안에 초콜릿이 <u>열</u> 개가 있습니다. → (   )

(4) 율곡 이이는 어려운 시험에서 일 등을 <u>아홉</u> 번 했습니다. → (   )

4 다음 밑줄 친 한자의 훈(뜻)과 음(소리)을 쓰세요.

(1)
> 이 영화는 <u>九</u>십 분 동안 상영합니다.

훈: (   ) 음: (   )

(2)
> 필통에 <u>十</u>자 무늬 장식이 달려 있습니다.

훈: (   ) 음: (   )

5 다음 한자의 진하게 표시한 획은 몇 번째 쓰는지 보기 에서 찾아 그 번호를 쓰세요.

보기
① 첫 번째   ② 두 번째

(1) 九 (   )   (2) 十 (   )

한자어 활용

6 다음 글에서 한자어의 독음(읽는 소리)을 쓰세요.

'九死一生(□ 사 □ 생)'은 아홉 번 죽을 뻔하다 한 번 살아난다는 뜻이에요. 죽을 뻔한 상황을 여러 번 넘기고 겨우 살아남을 이르는 말이지요. 그리고 '十匙一飯(□ 시 □ 반)'은 밥 열 숟가락이 한 그릇이 된다는 뜻이에요. 여러 사람이 조금씩 힘을 합하면 한 사람을 돕기 쉬움을 이르는 말이지요.

정리하기

주제별
한자를 그림과
함께 복습해요.

o 다음 그림을 보고, 빈칸에 알맞은 漢字(한자)를 **보기** 에서 찾아 쓰세요.

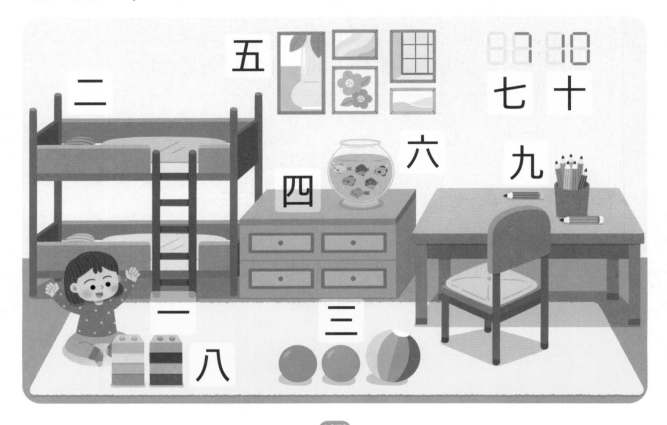

─ **보기** ─

一　　二　　三　　四　　五　　六　　七　　八　　九　　十

❶ 바닥에 공이 세[　　] 개 있습니다.

❷ 지금은 일곱[　　] 시 십[　　] 분입니다.

❸ 벽에 다섯[　　] 개의 그림이 걸려 있습니다.

❹ 책상 위에 아홉[　　] 자루의 연필이 있습니다.

❺ 어항 속에는 여섯[　　] 마리의 물고기가 삽니다.

❻ 이[　　]층 침대 옆 서랍장의 서랍은 모두 네[　　] 개입니다.

❼ 어린이 한[　　] 명이 여덟[　　] 개의 블록을 가지고 놉니다.

[1~7] 다음 글의 (　　) 안에 있는 漢字(한자)의 讀音(독음: 읽는 소리)을 쓰세요.

보기

(漢) → 한

1 팔월 (二) 일에　　　　　　　　　　　　　　　　　　(　　　　　　　)

2 우리 집 (三) 남매는　　　　　　　　　　　　　　　　(　　　　　　　)

3 (五)목을 두고,　　　　　　　　　　　　　　　　　　(　　　　　　　)

4 (七)교판으로　　　　　　　　　　　　　　　　　　　(　　　　　　　)

5 (六)각형도 만들며 놀았습니다.　　　　　　　　　　　(　　　　　　　)

6 오후에는 (一)가친척을 만나　　　　　　　　　　　　(　　　　　　　)

7 (四)물놀이 공연을 보았습니다.　　　　　　　　　　　(　　　　　　　)

[8~15] 다음 訓(훈: 뜻)이나 音(음: 소리)에 알맞은 漢字(한자)를 보기 에서 찾아 그 번호를 쓰세요.

보기

① 一	② 二	③ 四	④ 五
⑤ 七	⑥ 八	⑦ 十	⑧ 三

8 일 (　　　　　　　)　　　　9 사 (　　　　　　　)

10 십 (　　　　　　　)　　　　11 이 (　　　　　　　)

12 석 (　　　　　　　)　　　　13 여덟 (　　　　　　　)

14 일곱 (　　　　　　　)　　　15 다섯 (　　　　　　　)

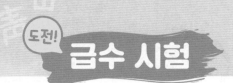

[16~23] 다음 밑줄 친 말에 해당하는 漢字(한자)를 **보기**에서 찾아 그 번호를 쓰세요.

<table>
<tr><td colspan="4" align="center">보기</td></tr>
<tr><td>① 二</td><td>② 三</td><td>③ 四</td><td>④ 六</td></tr>
<tr><td>⑤ 九</td><td>⑥ 五</td><td>⑦ 七</td><td>⑧ 十</td></tr>
</table>

16 동시집을 <u>열</u> 권 샀습니다.   (   )

17 윷가락은 모두 <u>네</u> 개입니다.   (   )

18 장미꽃 <u>두</u> 송이를 샀습니다.   (   )

19 수업은 <u>아홉</u> 시에 시작합니다.   (   )

20 치과에 <u>세</u> 번째로 도착했습니다.   (   )

21 우리 집 강아지는 <u>다섯</u> 살입니다.   (   )

22 대회에서 <u>일곱</u> 번 연속으로 우승했습니다.   (   )

23 언니는 <u>여섯</u> 달 동안 매일 일기를 썼습니다.   (   )

[24~28] 다음 漢字(한자)의 訓(훈: 뜻)과 音(음: 소리)을 쓰세요.

<table>
<tr><td align="center">보기</td></tr>
<tr><td align="center">漢 ➡ 한나라 한</td></tr>
</table>

24 六 (   )   **25** 四 (   )

26 三 (   )   **27** 一 (   )

28 二 (   )

[29~32] 다음 漢字(한자)의 訓(훈: 뜻)을 보기 에서 찾아 그 번호를 쓰세요.

┌─────────────────────── 보기 ───────────────────────┐
│   ① 다섯   ② 여덟   ③ 아홉   ④ 일곱   │
└───┘

29 九 (   )   30 五 (   )

31 八 (   )   32 七 (   )

[33~36] 다음 漢字(한자)의 音(음: 소리)을 보기 에서 찾아 그 번호를 쓰세요.

┌─────────────────────── 보기 ───────────────────────┐
│   ① 삼   ② 칠   ③ 십   ④ 사   │
└───┘

33 十 (   )   34 七 (   )

35 三 (   )   36 四 (   )

[37~40] 다음 漢字(한자)의 진하게 표시한 획은 몇 번째 쓰는지 보기 에서 찾아 그 번호를 쓰세요.

┌─────────────────────── 보기 ───────────────────────┐
│ ① 첫 번째   ② 두 번째   ③ 세 번째   ④ 네 번째 │
└───┘

37 三 (   )   38 五 (   )

39 六 (   )   40 九 (   )

한자 익히기

日 날 일		둥근 해 모양을 따라 만든 글자예요. '해', '날'을 뜻해요.

부수 日	총 4획	쓰는 순서 丨 冂 冃 日

日	日	日	日	日	日
날 일	날 일	날 일	날 일	날 일	날 일

1 모양 확인

사다리를 타고 내려가 한자의 훈(뜻)과 음(소리)이 바른 것을 모두 찾아 ○표 하세요.

日　月　月　日

날 일　날 일　달 월　달 월

● 한자를 따라 쓰며 익혀요.

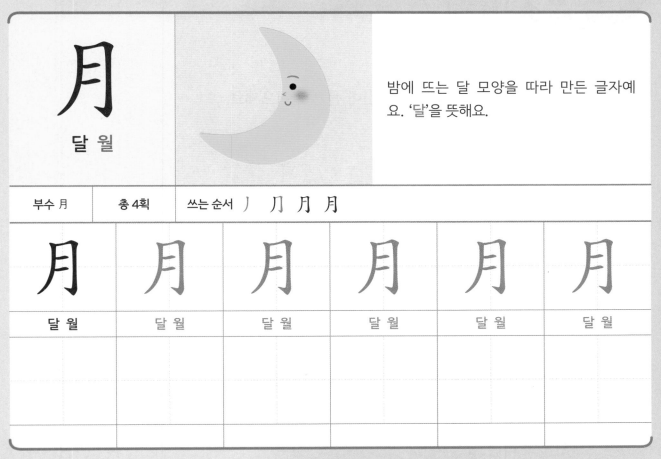

月 달 월		밤에 뜨는 달 모양을 따라 만든 글자예요. '달'을 뜻해요.

부수 月	총 4획	쓰는 순서 ノ 刀 月 月

月	月	月	月	月	月
달 월	달 월	달 월	달 월	달 월	달 월

2 한자어 카드의 빨간색 글자에 알맞은 한자를 (　　)에서 찾아 ○표 하세요.

훈·음
확인

생일
세상에 태어난 날.

(日 , 月)

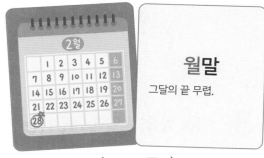

월말
그달의 끝 무렵.

(日 , 月)

월급
일한 대가로 매달 받는 돈.

(日 , 月)

일기
날마다 그날그날 겪은 일이나 생각, 느낌 등을 적은 글.

(日 , 月)

실력 기르기

1 다음 한자의 훈(뜻)과 음(소리)을 찾아 선으로 이으세요.

한자	훈	음
(1) 日 ·	· 달 ·	· 일
(2) 月 ·	· 날 ·	· 월

2 다음 밑줄 친 말에 해당하는 한자를 찾아 ○표 하세요.

(1) 달을 세는 단위는 개월 → (日 , 月)

(2) 오늘의 다음 날은 내일 → (日 , 月)

(3) 그달의 처음 무렵을 뜻하는 월초 → (日 , 月)

(4) 날마다 반복되는 평범한 생활은 일상 → (日 , 月)

3 다음 밑줄 친 말에 해당하는 한자를 보기 에서 찾아 그 번호를 쓰세요.

보기

① 月   ② 六   ③ 九   ④ 日

(1) 보름달을 보고 소원을 빌었습니다. → (   )

(2) 오늘은 선물을 받아 기분 좋은 날입니다. → (   )

(3) 이번 달의 마지막 날에 나들이를 갑니다. → (   )

(4) 나는 한 달 동안 책을 다섯 권 읽었습니다. → (   )

4 다음 밑줄 친 한자의 훈(뜻)과 음(소리)을 쓰세요.

(1)
> 휴日에 무엇을 할 것인지 계획을 세워 봅시다.

훈: (   ) 음: (   )

(2)
> 빈칸에 생년月일과 이름을 차례대로 쓰세요.

훈: (   ) 음: (   )

5 다음 한자의 진하게 표시한 획은 몇 번째 쓰는지 보기에서 찾아 그 번호를 쓰세요.

보기
> ① 첫 번째   ② 두 번째   ③ 세 번째   ④ 네 번째

(1) 日 (   )   (2) 月 (   )

한자어 활용

6 다음 글에서 한자어의 독음(읽는 소리)을 쓰세요.

> 「대동여지도」는 *조선 시대의 학자 김정호가 만든 지도예요. 김정호는 우리 땅의 모습을 자세하게 나타내기 위해 每日(매 □) 지도를 만드는 일에 집중했어요. 그렇게 30여 년의 歲月(세 □) 동안 열심히 노력한 끝에 「대동여지도」가 만들어졌어요. 「대동여지도」는 조선 시대의 지도 중에서 가장 크고 정확해요.
>
> * 조선: 1392년 이성계가 고려를 무너뜨리고 한양을 수도로 하여 세운 나라.

8일 자연 ② 한자 익히기

火		불이 타오르는 모양을 따라 만든 글자예요. '불'을 뜻해요.
불 화		

부수 火	총 4획	쓰는 순서 ` ` ` ` ` 火 火

火	火	火	火	火	火
불 화	불 화	불 화	불 화	불 화	불 화

1 한자의 훈(뜻)과 음(소리)을 바르게 쓴 것을 모두 찾아 ○표 하세요.

모양
확인

● 한자를 따라 쓰며 익혀요.

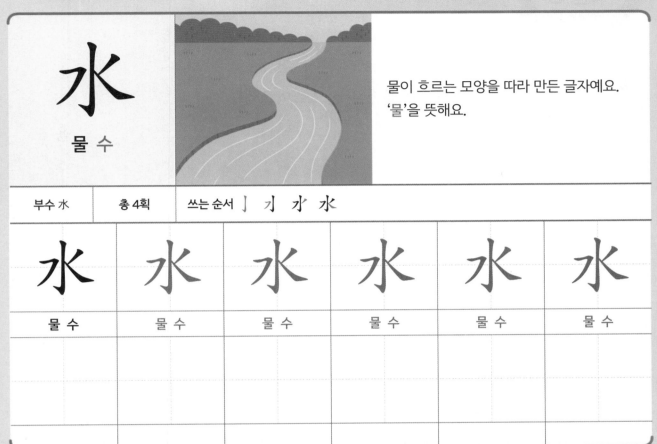

부수 水	총 4획	쓰는 순서 亅 刁 水 水

水	水	水	水	水	水
물 수	물 수	물 수	물 수	물 수	물 수

물이 흐르는 모양을 따라 만든 글자예요.
'물'을 뜻해요.

2

한자어의 빨간색 글자에 알맞은 한자를 보기 에서 찾아 그 번호를 쓰세요.

훈·음
확인

보기

❶ 火   ❷ 水

생 수

자연 상태의 맑은 물.

(   )

소 화 기

불을 끄는 기구.

(   )

화 상

불이나 약품 등에 데어서 피부에 생긴 상처.

(   )

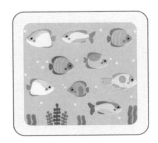

수 중

물의 속.

(   )

실력 기르기

1 다음 한자의 훈(뜻)과 음(소리)을 찾아 선으로 이으세요.

한자	훈	음
(1) 火 •	• 불 •	• 수
(2) 水 •	• 물 •	• 화

2 다음 밑줄 친 말에 해당하는 한자를 찾아 ○표 하세요.

(1) 물의 성질은 수질   → (火 , 水)

(2) 물속을 헤엄치는 것은 수영   → (火 , 水)

(3) 불을 붙이거나 켜는 것은 점화   → (火 , 水)

(4) 집이나 물건이 불에 타는 일은 화재 → (火 , 水)

3 다음 밑줄 친 말에 해당하는 한자를 **보기**에서 찾아 그 번호를 쓰세요.

보기

① 二   ② 水   ③ 十   ④ 火

(1) 목이 말라서 물을 마셨습니다.   → (   )

(2) 불이 나서 건물이 모두 타 버렸습니다.   → (   )

(3) 한 남자가 물에 빠진 아이를 구했습니다. → (   )

(4) 그들은 나무에 불을 피워 추위를 이겼습니다. → (   )

4 다음 밑줄 친 한자의 훈(뜻)과 음(소리)을 쓰세요.

(1)
> <u>火</u>요일에 현장 체험 학습을 갑니다.

훈: (   )   음: (   )

(2)
> 쾅 소리에 놀라서 음료<u>水</u>를 쏟았습니다.

훈: (   )   음: (   )

5 다음 한자의 진하게 표시한 획은 몇 번째 쓰는지 보기에서 찾아 그 번호를 쓰세요.

보기
① 첫 번째   ② 두 번째   ③ 세 번째   ④ 네 번째

(1) 火 (   )   (2) 水 (   )

한자어 활용
6 다음 글에서 한자어의 독음(읽는 소리)을 쓰세요.

> 제주도에 있는 한라산은 여러 번 火山(산) 활동이 있었던 산이에요. 한라산이 폭발하면서 땅속 깊이 있던 뜨거운 액체인 마그마가 뿜어져 나온 곳에 湖水(호   )가 생겼어요. 한라산 꼭대기에 있는 이 호수의 이름은 '백록담'이에요. 백록담은 경치가 아름답기로 유명하며, 백록담 주변에는 *희귀한 식물들이 많이 살고 있어 그 가치가 매우 높아요.
>
> * 희귀한: 흔하지 않아서 특이하거나 귀한.

한자 익히기

木 나무 목		땅에 뿌리를 내리고 가지를 뻗어 가는 나무의 모양을 따라 만든 글자예요. '나무'를 뜻해요.

부수 木	총 4획	쓰는 순서 一 十 才 木

木	木	木	木	木	木
나무 목	나무 목	나무 목	나무 목	나무 목	나무 목

1 토끼가 말한 한자를 사과나무에서, 여우가 말한 한자를 귤나무에서 찾아 ○표 하세요.

모양
확인

● 한자를 따라 쓰며 익혀요.

金 쇠 금 성 김	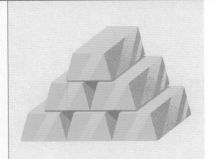	옛날에 쇳덩이를 녹이던 도구를 나타낸 글자예요. '쇠'나 '금'을 뜻해요. 또, '김'이라고 읽으며 사람의 '성(성씨)'을 뜻하기도 해요.

부수 金	총 8획	쓰는 순서 ノ 人 스 仝 今 全 余 金

金	金	金	金	金	金
쇠 금 / 성 김	쇠 금 / 성 김	쇠 금 / 성 김	쇠 금 / 성 김	쇠 금 / 성 김	쇠 금 / 성 김

2 그림이 나타내는 한자어의 뜻을 보고, 빈칸에 들어갈 한자를 찾아 선으로 이으세요.

훈·음 확인

	수

나무로 물건을 만드는 사람.

반	지

금으로 만든 반지.

수	원

여러 나무와 식물을 심어 가꾸는 곳.

목(木)

금(金)

1 다음 한자의 훈(뜻)과 음(소리)을 찾아 선으로 이으세요.

한자	훈	음
(1) 木 ·	· 나무 ·	· 금 / 김
(2) 金 ·	· 쇠 / 성 ·	· 목

2 다음 밑줄 친 말에 해당하는 한자를 찾아 ○표 하세요.

(1) 돈을 넣어 모으는 통은 저금통 　　　　→ (木 , 金)

(2) 나무로 물건을 만드는 일은 목공 　　　　→ (木 , 金)

(3) 은행의 계좌에서 돈을 빼는 것은 출금 　　　→ (木 , 金)

(4) 나무를 깎아 말의 모양으로 만든 목마 　　→ (木 , 金)

3 다음 밑줄 친 말에 해당하는 한자를 보기 에서 찾아 그 번호를 쓰세요.

보기

① 火　　　② 水　　　③ 木　　　④ 金

(1) 이 그릇은 나무로 만들었습니다. 　　　　　→ (　　　)

(2) 대장장이는 쇠를 녹여서 호미를 만들었습니다. 　→ (　　　)

(3) 마을 입구에 크고 굵직한 나무 한 그루가 있습니다. → (　　　)

(4) 쇠구슬이 책상 아래로 떨어져 바닥으로 굴러갔습니다. → (　　　)

4 다음 밑줄 친 한자의 훈(뜻)과 음(소리)을 쓰세요.

(1)
> 가을날 들판이 황**金**색으로 물들었습니다.

훈: (   )   음: (   )

(2)
> **木**련은 잎이 나기 전에 흰 꽃이 먼저 핍니다.

훈: (   )   음: (   )

5 다음 한자의 진하게 표시한 획은 몇 번째 쓰는지 **보기**에서 찾아 그 번호를 쓰세요.

보기

① 두 번째   ② 세 번째   ③ 네 번째   ④ 다섯 번째

(1) 木 (   )   (2) 金 (   )

한자어 활용

6 다음 글에서 한자어의 독음(읽는 소리)을 쓰세요.

> 옛날에는 책을 만들 때 나무판인 **木板**(☐ 판)에 글자를 새겨 찍어 냈어요. 그런데 이 방법은 책을 만들 때마다 나무판에 글자를 다시 새겨야 했고, 나무판이 망가지는 문제가 있었어요. 그래서 **金屬**(☐ 속)으로 글자를 하나씩 따로 만들게 됐어요. 그랬더니 새 책을 만들 때 전에 만들어 둔 글자를 계속 쓸 수 있어서 편리했어요.

土 흙토		땅의 흙덩이 모양을 따라 만든 글자예요. '흙'을 뜻해요.
부수 土	총 3획	쓰는 순서 一 十 土

土	土	土	土	土	土
흙 토	흙 토	흙 토	흙 토	흙 토	흙 토

1 한자의 훈(뜻)과 음(소리)으로 바른 것을 따라가 선으로 이으세요.

모양
확인

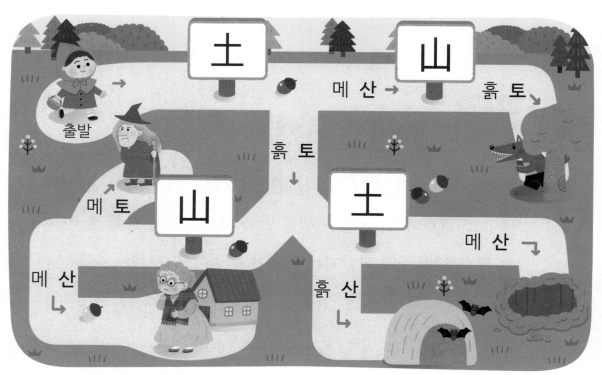

● 한자를 따라 쓰며 익혀요.

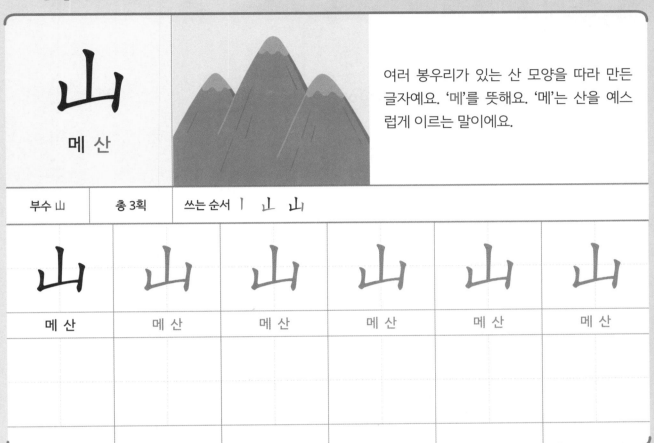

山 메 산		여러 봉우리가 있는 산 모양을 따라 만든 글자예요. '메'를 뜻해요. '메'는 산을 예스럽게 이르는 말이에요.
부수 山	총 3획	쓰는 순서 丨 凵 山

山	山	山	山	山	山
메 산	메 산	메 산	메 산	메 산	메 산

2 그림을 보고, 밑줄 친 말에 해당하는 한자를 보기 에서 찾아 그 번호를 쓰세요.

훈·음
확인

보기

❶ 土   ❷ 山

'토목'은 도로, 다리, 굴, 둑 등을 만드는 공사예요.

(   )

'등산'은 산에 오르는 것이에요.

(   )

'산야'는 산과 들을 이르는 말이에요.

(   )

실력 기르기

1 다음 한자의 훈(뜻)과 음(소리)을 찾아 선으로 이으세요.

한자	훈	음
(1) 土 •	• 메 •	• 토
(2) 山 •	• 흙 •	• 산

2 다음 밑줄 친 말에 해당하는 한자를 찾아 ○표 하세요.

(1) 산을 지키는 산신령 → (土 , 山)

(2) 흙으로 만든 그릇은 토기 → (土 , 山)

(3) 산속에 있는 마을은 산촌 → (土 , 山)

(4) 흙으로 쌓아 올린 성은 토성 → (土 , 山)

3 다음 밑줄 친 말에 해당하는 한자를 보기에서 찾아 그 번호를 쓰세요.

보기
① 土	② 水	③ 山	④ 日

(1) 산에 온갖 꽃이 피었습니다. → ( )

(2) 흙을 쌓아 담을 만들었습니다. → ( )

(3) 눈 덮인 산이 무척 아름답습니다. → ( )

(4) 새로 산 화분에 흙을 담고 씨앗을 심었습니다. → ( )

4 다음 밑줄 친 한자의 훈(뜻)과 음(소리)을 쓰세요.

(1)
> 가을 들판은 황금색, 황<u>土</u>색으로 색칠합니다.

훈: (   ) 음: (   )

(2)
> <u>山</u>수화는 아름다운 자연의 경치를 그린 그림입니다.

훈: (   ) 음: (   )

5 다음 한자의 진하게 표시한 획은 몇 번째 쓰는지 보기 에서 찾아 그 번호를 쓰세요.

보기

① 첫 번째   ② 두 번째   ③ 세 번째

(1) 土 (   )   (2) 山 (   )

한자어 활용

6 다음 글에서 한자어의 독음(읽는 소리)을 쓰세요.

> 우리 國土(국 [   ])에는 산이 무척 많아요. 산은 대부분 홀로 솟아 있지 않고, 여러 개가 이어져 있어요. 산들이 하나의 줄처럼 이어진 것을 가리켜 '山脈([   ] 맥)'이라고 해요. 우리나라에는 북쪽의 백두산에서 남쪽의 지리산까지 이어지는 거대한 산맥이 있어요. 이 산맥을 백두대간이라고 불러요.

정리하기

자연 ①~④

주제별 한자를 그림과 함께 복습해요.

o 다음 그림을 보고, 빈칸에 알맞은 漢字(한자)를 보기에서 찾아 쓰세요.

보기

| 日 | 月 | 火 | 水 | 木 | 金 | 土 | 山 |

❶ 해[　]가 내리쬐는 여름날이에요.

❷ 한 아이가 물[　]속에서 수영을 해요.

❸ 다른 아이는 나무[　] 옆에 앉아 모래성을 쌓아요.

❹ 바닷가 모래벌판이 반짝반짝 금[　]처럼 빛나요.

❺ 밤이 되자, 산[　] 위로 둥그런 달[　]이 떴어요.

❻ 우리 가족은 흙[　] 바닥에 의자를 놓고 모여 앉았어요.

❼ 장작에 불[　]을 때니 무척 따뜻했어요.

[1~7] 다음 글의 (   ) 안에 있는 漢字(한자)의 讀音(독음: 읽는 소리)을 쓰세요.

보기

(漢) → 한

1 (金)요일은   (   )

2 부모님의 결혼기념(日)이었습니다.   (   )

3 우리 가족은 수(木)원에 가서   (   )

4 (土)종 민들레도 보고,   (   )

5 인공 호(水)도 보았습니다.   (   )

6 매(月)   (   )

7 (山)으로 나들이를 가고 싶습니다.   (   )

[8~15] 다음 訓(훈: 뜻)이나 音(음: 소리)에 알맞은 漢字(한자)를 **보기** 에서 찾아 그 번호를 쓰세요.

보기

| ① 月 | ② 火 | ③ 水 | ④ 木 |
| ⑤ 金 | ⑥ 土 | ⑦ 山 | ⑧ 日 |

8 달 (   )   9 불 (   )

10 산 (   )   11 수 (   )

12 쇠 (   )   13 일 (   )

14 토 (   )   15 나무 (   )

[16~23] 다음 밑줄 친 말에 해당하는 漢字(한자)를 **보기**에서 찾아 그 번호를 쓰세요.

보기

① 日	② 月	③ 水	④ 金
⑤ 山	⑥ 火	⑦ 木	⑧ 土

16 불에 손등을 데었습니다.   (   )

17 시원한 물 한 잔 주십시오.   (   )

18 산에 단풍이 물들었습니다.   (   )

19 달이 마당을 비추고 있습니다.   (   )

20 이 망치는 쇠로 만들었습니다.   (   )

21 우리는 같은 날에 태어났습니다.   (   )

22 항아리 안의 흙을 파내고 깨끗이 씻었습니다.   (   )

23 이 나무는 아버지가 십 년 전에 심은 것입니다.   (   )

[24~28] 다음 漢字(한자)의 訓(훈: 뜻)과 음(음: 소리)을 쓰세요.

보기

漢 → 한나라 한

24 日 (   )   25 火 (   )

26 木 (   )   27 水 (   )

28 山 (   )

[29~32] 다음 漢字(한자)의 訓(훈: 뜻)을 보기 에서 찾아 그 번호를 쓰세요.

보기
① 달   ② 물   ③ 흙   ④ 나무

29 水 (   )   30 土 (   )

31 月 (   )   32 木 (   )

[33~36] 다음 漢字(한자)의 음(음: 소리)을 보기 에서 찾아 그 번호를 쓰세요.

보기
① 금   ② 산   ③ 일   ④ 화

33 火 (   )   34 山 (   )

35 日 (   )   36 金 (   )

[37~40] 다음 漢字(한자)의 진하게 표시한 획은 몇 번째 쓰는지 보기 에서 찾아 그 번호를 쓰세요.

보기
① 첫 번째   ② 두 번째   ③ 세 번째   ④ 네 번째

37 火 (   )   38 日 (   )

39 木 (   )   40 土 (   )

한자 익히기

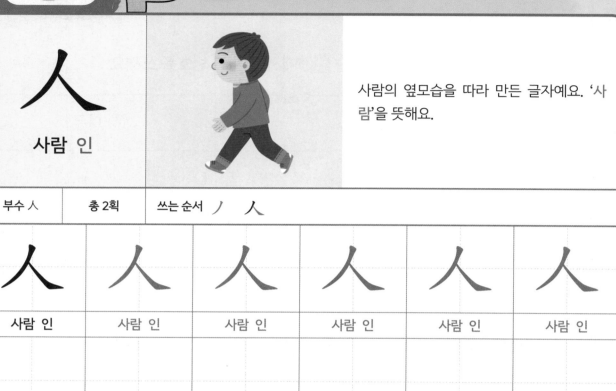

人 사람 인		사람의 옆모습을 따라 만든 글자예요. '사람'을 뜻해요.

부수 人	총 2획	쓰는 순서 ノ 人

人	人	人	人	人	人
사람 인	사람 인	사람 인	사람 인	사람 인	사람 인

1 한자의 훈(뜻)과 음(소리)을 바르게 쓴 것을 모두 찾아 ○표 하세요.

모양
확인

● 한자를 따라 쓰며 익혀요.

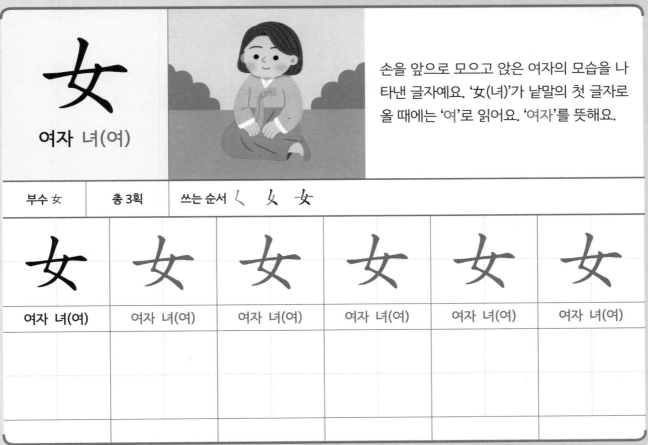

女 여자 녀(여)	손을 앞으로 모으고 앉은 여자의 모습을 나타낸 글자예요. '女(녀)'가 낱말의 첫 글자로 올 때에는 '여'로 읽어요. '여자'를 뜻해요.

부수 女	총 3획	쓰는 순서 〈 女 女

女	女	女	女	女	女
여자 녀(여)	여자 녀(여)	여자 녀(여)	여자 녀(여)	여자 녀(여)	여자 녀(여)

2 한자어 카드의 빨간색 글자에 알맞은 한자를 찾아 ∨표 하세요.

훈·음
확인

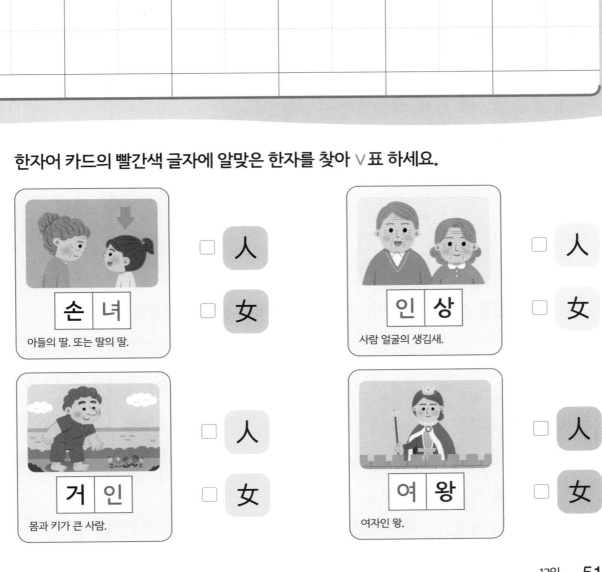

손 **녀**
아들의 딸. 또는 딸의 딸.
☐ 人
☐ 女

인 상
사람 얼굴의 생김새.
☐ 人
☐ 女

거 **인**
몸과 키가 큰 사람.
☐ 人
☐ 女

여 왕
여자인 왕.
☐ 人
☐ 女

실력 기르기

1 다음 한자의 훈(뜻)과 음(소리)을 찾아 선으로 이으세요.

한자	훈	음
(1) 人 ·	· 여자 ·	· 인
(2) 女 ·	· 사람 ·	· 녀(여)

2 다음 밑줄 친 말에 해당하는 한자를 찾아 ○표 하세요.

(1) 부모를 잘 섬기는 효녀 → (人 , 女)

(2) 사람이 다니는 길은 인도 → (人 , 女)

(3) 이야기의 중심이 되는 주인공 → (人 , 女)

(4) 아직 어른이 되지 않은 여자아이는 소녀 → (人 , 女)

3 다음 밑줄 친 말에 해당하는 한자를 보기에서 찾아 그 번호를 쓰세요.

보기

① 人   ② 金   ③ 日   ④ 女

(1) 제 동생은 여자입니다. → (   )

(2) 이 섬에는 사람이 살지 않습니다. → (   )

(3) 법을 어긴 사람은 벌을 받습니다. → (   )

(4) 여자 화장실은 이 건물의 2층에 있습니다. → (   )

4 다음 밑줄 친 한자의 훈(뜻)과 음(소리)을 쓰세요.

(1)
할머니는 바닷속에서 전복을 따는 해**女**입니다.

훈: (　　　　　) 음: (　　　　　)

(2)
내 짝은 친절해서 친구들에게 **人**기가 많습니다.

훈: (　　　　　) 음: (　　　　　)

5 다음 한자의 진하게 표시한 획은 몇 번째 쓰는지 보기 에서 찾아 그 번호를 쓰세요.

보기

① 첫 번째 　　② 두 번째 　　③ 세 번째 　　④ 네 번째

(1) 人 (　　　　　) 　　(2) 女 (　　　　　)

한자어 활용

6 다음 글에서 한자어의 독음(읽는 소리)을 쓰세요.

　　오만 원짜리 *지폐에는 한 **人物**(□ 물)이 그려져 있어요. 바로 신사임당이에요. 신사임당은 우리나라에서 최초로 지폐에 실린 **女性**(□ 성)이에요. 신사임당은 수많은 글과 그림을 남긴 뛰어난 예술가예요. 그리고 율곡 이이를 비롯한 자식들을 훌륭하게 키워 내어 최고의 어머니로 손꼽혀요.

* 지폐: 종이로 된 돈.

13일
사람 ②

한자 익히기

父
아비 부

양손에 도끼를 든 모습을 나타낸 글자예요. 옛날에 아버지가 사냥을 한 데서 유래했어요. '아버지'를 뜻해요.

부수 父	총 4획	쓰는 순서 ノ 八 グ 父

父	父	父	父	父	父
아비 부	아비 부	아비 부	아비 부	아비 부	아비 부

1 풍선에 쓰인 한자의 훈(뜻)과 음(소리)을 찾아 선으로 이으세요.

모양 확인

母   父   母   父   母

아비 부

어미 모

● 한자를 따라 쓰며 익혀요.

어미 모

아이에게 젖을 먹이는 어머니의 모습을 나타낸 글자예요. '어머니'를 뜻해요.

부수 毋	총 5획	쓰는 순서 乙 乜 乜 母 母

母	母	母	母	母	母
어미 모	어미 모	어미 모	어미 모	어미 모	어미 모

2 다음 그림이 나타내는 한자어에 공통으로 들어간 한자를 찾아 ○표 하세요.

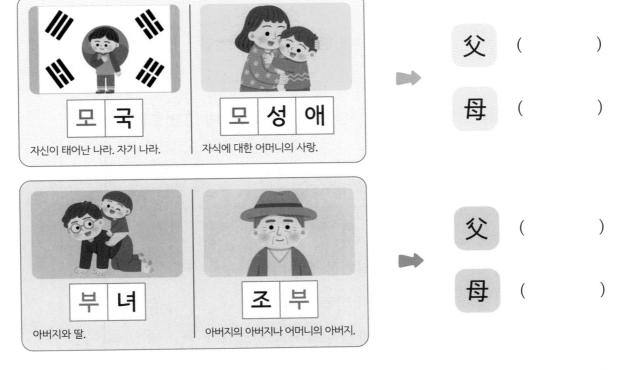

모 국

자신이 태어난 나라. 자기 나라.

모 성 애

자식에 대한 어머니의 사랑.

父 (　　　)

母 (　　　)

부 녀

아버지와 딸.

조 부

아버지의 아버지나 어머니의 아버지.

父 (　　　)

母 (　　　)

실력 기르기

1 다음 한자의 훈(뜻)과 음(소리)을 찾아 선으로 이으세요.

한자	훈	음
(1) 父 •	• 아비 •	• 모
(2) 母 •	• 어미 •	• 부

2 다음 밑줄 친 말에 해당하는 한자를 찾아 ○표 하세요.

(1) 어머니의 언니인 이모   → (父 , 母)

(2) 아내의 어머니인 장모   → (父 , 母)

(3) 아버지와 아들 사이는 부자간   → (父 , 母)

(4) 아버지를 높여 점잖게 이르는 말은 부친   → (父 , 母)

3 다음 밑줄 친 말에 해당하는 한자를 보기 에서 찾아 그 번호를 쓰세요.

보기

① 人   ② 父   ③ 母   ④ 女

(1) 오늘은 어머니 생신입니다.   → (   )

(2) 공원에서 아버지와 자전거를 탔습니다.   → (   )

(3) 아기가 어머니의 품에서 잠들었습니다.   → (   )

(4) 아버지께서 맛있는 김밥을 만들어 주셨습니다.   → (   )

4 다음 밑줄 친 한자의 훈(뜻)과 음(소리)을 쓰세요.

(1)
유**母**차에 탄 아기가 방긋 웃습니다.

훈: (   )   음: (   )

(2)
어버이는 **父**모를 이르는 순우리말입니다.

훈: (   )   음: (   )

5 다음 한자의 진하게 표시한 획은 몇 번째 쓰는지 보기 에서 찾아 그 번호를 쓰세요.

보기

① 첫 번째   ② 두 번째   ③ 세 번째   ④ 네 번째

(1) 父 (   )   (2) 母 (   )

한자어 활용

6 다음 글에서 한자어의 독음(읽는 소리)을 쓰세요.

어미 하마는 자식에 대한 사랑이 남다른 동물이에요. 새끼 하마는 물
속에서 **母乳**(유)를 먹고, 물 위로 올라와 숨을 쉬어요. 이때 어미
하마는 새끼 하마를 자기 등에 올려서 물 위로 올라가게 도와주어요. 한
편 황제펭귄은 **父性愛**(성 애)가 강해요. 아빠 펭귄은 두 달 동
안 먹이를 먹지 않고 알을 발등에 올려놓고 품는답니다.

한자 익히기

兄 형 형		입을 벌려 동생을 달래 주는 사람의 모습을 나타낸 글자예요. 형제자매 중 나이가 많은 사람인 '형', '맏이'를 뜻해요.

부수 儿	총 5획	쓰는 순서 ㅣ ㄇ ㅁ 尸 兄

兄	兄	兄	兄	兄	兄
형 형	형 형	형 형	형 형	형 형	형 형

1 한자의 훈(뜻)과 음(소리)을 바르게 쓴 것을 각각 찾아 ○표 하세요.

모양
확인

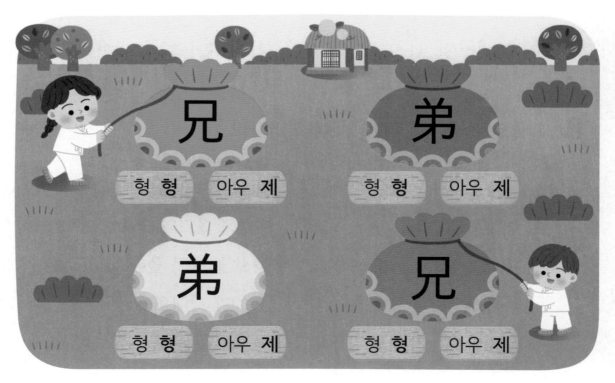

兄 — 형 형 / 아우 제
弟 — 형 형 / 아우 제
弟 — 형 형 / 아우 제
兄 — 형 형 / 아우 제

● 한자를 따라 쓰며 익혀요.

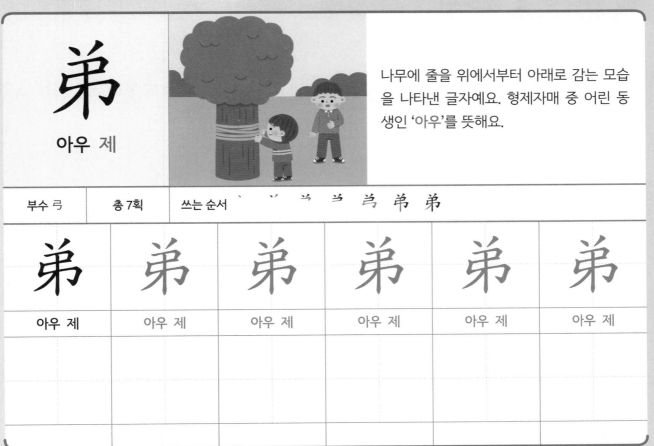

弟 아우 제	나무에 줄을 위에서부터 아래로 감는 모습을 나타낸 글자예요. 형제자매 중 어린 동생인 '아우'를 뜻해요.

| 부수 弓 | 총 7획 | 쓰는 순서 | ` ´ ⸀ ⸄ ⸆ 弟 弟 |

弟	弟	弟	弟	弟	弟
아우 제	아우 제	아우 제	아우 제	아우 제	아우 제

2 한자어 카드의 빨간색 글자에 알맞은 한자를 찾아 선으로 이으세요.

훈·음
확인

친 형

같은 부모에게서 태어난 형.

제 자

스승에게 가르침을 받는 사람.

의 형 제

형제처럼 지내기로 약속한 관계.

兄

弟

1 다음 한자의 훈(뜻)과 음(소리)을 찾아 선으로 이으세요.

한자	훈	음
(1) 兄 ·	· 형 ·	· 제
(2) 弟 ·	· 아우 ·	· 형

2 다음 밑줄 친 말에 해당하는 한자를 찾아 ○표 하세요.

(1) 형의 아내는 <u>형</u>수   → (兄 , 弟)

(2) 스승과 제자를 이르는 말은 사<u>제</u>   → (兄 , 弟)

(3) 서로 형이니 아우니 하고 부르는 것은 호<u>형</u>호제   → (兄 , 弟)

(4) 부모가 같은 형과 아우, 언니와 여동생은 형<u>제</u>자매   → (兄 , 弟)

3 다음 밑줄 친 말에 해당하는 한자를 보기에서 찾아 그 번호를 쓰세요.

보기

① 弟	② 父	③ 兄	④ 母

(1) 우리 <u>형</u>은 키가 큽니다.   → (   )

(2) 둘째 <u>형</u>과 함께 학교에 갑니다.   → (   )

(3) 내 <u>아우</u>는 노래를 잘 부릅니다.   → (   )

(4) 그들은 형 <u>아우</u> 하면서 지내는 사이입니다. → (   )

4 다음 밑줄 친 한자의 훈(뜻)과 음(소리)을 쓰세요.

(1)
> 학부**兄**들은 모두 교실에 모여 주시기 바랍니다.

훈: (   ) 음: (   )

(2)
> 오랜만에 뵙습니다. 자**弟**분은 안녕하신가요?

훈: (   ) 음: (   )

5 다음 한자의 진하게 표시한 획은 몇 번째 쓰는지 보기에서 찾아 그 번호를 쓰세요.

보기
> ① 두 번째   ② 세 번째   ③ 다섯 번째   ④ 여섯 번째

(1) 兄 (   )   (2) 弟 (   )

한자어 활용

6 다음 글에서 한자어의 독음(읽는 소리)을 쓰세요.

> 주시경은 *일제 강점기에 우리말을 연구한 국어학자예요. 주시경은 1876년에 사 **兄弟**(   ) 중 둘째로 태어났어요. 주시경은 열아홉 살 때 배재 학당에서 공부하며 나라를 사랑하는 마음을 키웠어요. 그는 우리 민족이 힘을 가지려면 우리말을 잘 알고 지켜야 한다고 생각했어요. 그래서 우리말을 연구하고 가르치는 일에 힘써 많은 **弟子**(자)를 길러 냈어요.
>
> * 일제 강점기: 일본이 우리나라를 침략해 지배하던 시기.

한자 익히기

寸 마디 촌		손목에서 맥박이 뛰는 곳까지를 나타낸 글자예요. '마디', 가족이나 친척 사이의 관계를 나타내는 '촌수'를 뜻해요.

부수 寸	총 3획	쓰는 순서 一 寸 寸

寸	寸	寸	寸	寸	寸
마디 촌	마디 촌	마디 촌	마디 촌	마디 촌	마디 촌

1 그림에 있는 한자의 개수를 세어 쓰세요.

모양 확인

→ 마디 촌: (   )개, 긴 장: (   )개

● 한자를 따라 쓰며 익혀요.

長 긴 장		긴 머리카락이 휘날리는 노인을 나타낸 글자예요. '길다', '어른'을 뜻해요.
부수 長	총 8획	쓰는 순서 ㅣ ㄱ ㅏ ㅏ ㅌ ㅌ ㅌ ㅌ

長	長	長	長	長	長
긴 장	긴 장	긴 장	긴 장	긴 장	긴 장

2 한자에 어울리는 그림을 찾아 V표 하세요.

훈·음
확인

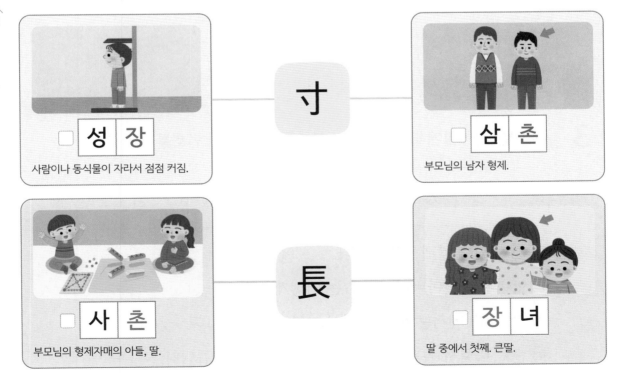

□ 성 장
사람이나 동식물이 자라서 점점 커짐.

寸

□ 삼 촌
부모님의 남자 형제.

□ 사 촌
부모님의 형제자매의 아들, 딸.

長

□ 장 녀
딸 중에서 첫째. 큰딸.

15일

사람 ❹

실력 기르기

1 다음 한자의 훈(뜻)과 음(소리)을 찾아 선으로 이으세요.

한자	훈	음
(1) 寸	마디	장
(2) 長	긴	촌

2 다음 밑줄 친 말에 해당하는 한자를 찾아 ○표 하세요.

(1) 키가 큰 몸은 장신 → (寸 , 長)

(2) 사촌 형제처럼 가까운 이웃은 이웃사촌 → (寸 , 長)

(3) 한 가족을 대표하고 이끌어 나가는 사람은 가장 → (寸 , 長)

(4) 친척 사이의 멀고 가까운 정도를 나타내는 수는 촌수 → (寸 , 長)

3 다음 밑줄 친 말에 해당하는 한자를 보기에서 찾아 번호를 쓰세요.

보기

① 人　　② 寸　　③ 兄　　④ 長

(1) 긴 머리를 짧게 잘랐습니다. → ( )

(2) 아버지와 큰아버지의 촌수는 어떻게 되나요? → ( )

(3) 할아버지께서는 우리 집에서 가장 어른이십니다. → ( )

(4) 손을 다쳐서 손가락 마디가 잘 구부러지지 않습니다. → ( )

4 다음 밑줄 친 한자의 훈(뜻)과 음(소리)을 쓰세요.

(1)

사寸 누나가 우리 집에 놀러 왔습니다.

훈: (　　　　　) 음: (　　　　　)

(2)

월요일 아침마다 교長 선생님의 훈화를 듣습니다.

훈: (　　　　　) 음: (　　　　　)

5 다음 한자의 진하게 표시한 획은 몇 번째 쓰는지 보기에서 찾아 그 번호를 쓰세요.

보기
① 두 번째　　　② 세 번째　　　③ 네 번째　　　④ 다섯 번째

(1) 寸 (　　　　) (2) 長 (　　　　)

한자어 활용
6 다음 글에서 한자어의 독음(읽는 소리)을 쓰세요.

寸數(　　수)는 가족 간의 관계를 나타내요. 부모님과 나는 촌수가 가까워요. 그림을 보면 부모님과 나는 1촌, 형제자매와 나는 2촌 관계예요. 또 아버지가 長男(　　남)일 때, 아버지의 동생과 나는 3촌이고, 아버지 동생의 딸은 1촌이 더해져 나와 4촌이 된답니다.

작은 어머니　작은 아버지　아버지　1촌　어머니
1촌　3촌
사촌 동생　4촌　나　2촌　오빠

정리하기

○ 다음 그림을 보고, 빈칸에 알맞은 漢字(한자)를 보기에서 찾아 쓰세요.

보기

人　女　父　母　兄　弟　寸　長

❶ 설날에 모인 친척은 여자[　] 세 명, 남자 다섯 명이에요.

❷ 나는 아버지[　]와 어머니[　]께 세배를 했어요.

❸ 형[　]은 초록색 저고리를 입고 있어요.

❹ 동생[　]은 빨간색 바지를 입고 있어요.

❺ 고모의 머리카락은 길고[　], 어머니의 머리카락은 짧아요.

❻ 아버지의 오른쪽 옆에 앉은 사람[　]은 고모부예요.

❼ 고모의 딸과 나는 촌수[　]가 4촌이에요.

[1~7] 다음 글의 (　　) 안에 있는 漢字(한자)의 讀音(독음: 읽는 소리)을 쓰세요.

보기

(漢) → 한

1 할머니께서 손(女)에게 들려주신　　　　　　　　　　　(　　　　　)

2 이야기의 주(人)공은　　　　　　　　　　　　　　　　　(　　　　　)

3 사이좋은 형(弟)입니다.　　　　　　　　　　　　　　　　(　　　　　)

4 (兄)이　　　　　　　　　　　　　　　　　　　　　　　　(　　　　　)

5 부(母)를 대신해　　　　　　　　　　　　　　　　　　　(　　　　　)

6 가(長) 역할을 하며 동생을 돌보았고,　　　　　　　　　(　　　　　)

7 형과 동생은 (父)자간처럼 지냈습니다.　　　　　　　　　(　　　　　)

[8~15] 다음 訓(훈: 뜻)이나 音(음: 소리)에 알맞은 漢字(한자)를 보기 에서 찾아 그 번호를 쓰세요.

보기

| ① 人 | ② 女 | ③ 母 | ④ 兄 |
| ⑤ 弟 | ⑥ 寸 | ⑦ 長 | ⑧ 父 |

8 촌 (　　　　　)　　　　　9 형 (　　　　　)

10 장 (　　　　　)　　　　11 모 (　　　　　)

12 아우 (　　　　　)　　　13 여자 (　　　　　)

14 사람 (　　　　　)　　　15 아비 (　　　　　)

[16~23] 다음 밑줄 친 말에 해당하는 漢字(한자)를 **보기** 에서 찾아 그 번호를 쓰세요.

> **보기**
>
> ① 人   ② 父   ③ 兄   ④ 弟
> ⑤ 長   ⑥ 女   ⑦ 母   ⑧ 寸

16 <u>형</u>은 달리기를 잘합니다.   (   )

17 바지 길이가 <u>긴</u> 편입니다.   (   )

18 흥부는 놀부의 <u>아우</u>입니다.   (   )

19 버스 안에 <u>사람</u>들이 많습니다.   (   )

20 <u>아버지</u>와 함께 주말에 캠핑을 갑니다.   (   )

21 할아버지의 손가락 <u>마디</u>가 유난희 굵습니다.   (   )

22 우리나라 <u>여자</u> 탁구 선수가 금메달을 땄습니다.   (   )

23 <u>어머니</u>께서 자전거 타는 법을 가르쳐 주셨습니다.   (   )

[24~28] 다음 漢字(한자)의 訓(훈: 뜻)과 音(음: 소리)을 쓰세요.

> **보기**
>
> 漢 ➔ 한나라 한

24 女 (   )   **25** 母 (   )

26 兄 (   )   **27** 寸 (   )

28 父 (   )

[29~32] 다음 漢字(한자)의 訓(훈: 뜻)을 보기에서 찾아 그 번호를 쓰세요.

보기

① 아우   ② 사람   ③ 여자   ④ 어미

29 弟 (   )   30 女 (   )

31 人 (   )   32 母 (   )

[33~36] 다음 漢字(한자)의 音(음: 소리)을 보기에서 찾아 그 번호를 쓰세요.

보기

① 부   ② 인   ③ 장   ④ 제

33 長 (   )   34 人 (   )

35 弟 (   )   36 父 (   )

[37~40] 다음 漢字(한자)의 진하게 표시한 획은 몇 번째 쓰는지 보기에서 찾아 그 번호를 쓰세요.

보기

① 두 번째   ② 세 번째   ③ 네 번째   ④ 다섯 번째

37 人 (   )   38 母 (   )

39 寸 (   )   40 弟 (   )

한자 익히기

學

배울 학

집 안에서 가르침을 받는 모습을 나타낸 글자예요. '배우다'를 뜻해요.

부수 子	총 16획	쓰는 순서 `` ` ` ` ` ` ` ` ` ` ` ` ` ` 學 學 學

學	學	學	學	學	學
배울 학	배울 학	배울 학	배울 학	배울 학	배울 학

1 칠판에 쓰인 한자의 훈(뜻)과 음(소리)을 바르게 말한 것에 모두 색칠하세요.

모양
확인

學 | 배울 학 | 학교 교 | 배울 학

校 | 배울 학 | 학교 학 | 학교 교

● 한자를 따라 쓰며 익혀요.

校
학교 교

교육 기관을 나타내는 글자예요. 옛날에는 나무 옆에서 학생을 가르치는 모습을 의미했어요. '학교'를 뜻해요.

부수 木	총 10획	쓰는 순서 一 十 才 木 ㄉ 朾 朾 栌 栌 校

校	校	校	校	校	校
학교 교	학교 교	학교 교	학교 교	학교 교	학교 교

2 그림과 관련 있는 한자어를 찾아 선으로 이으세요.

훈·음
확인

교 외
학교의 밖.

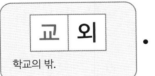

방 학
일정 기간 동안 수업을 쉬는 일.

學

교 복
학교에서 학생이 입도록 정한 옷.

전 학
다니던 학교에서 다른 학교로 옮김.

校

1 다음 한자의 훈(뜻)과 음(소리)을 찾아 선으로 이으세요.

한자	훈	음
(1) 學 •	• 배울 •	• 교
(2) 校 •	• 학교 •	• 학

2 다음 밑줄 친 말에 해당하는 한자를 찾아 ○표 하세요.

(1) 학교에 다니며 공부하는 학생 → (學 , 校)

(2) 학생이 학교에 가는 것은 등교 → (學 , 校)

(3) 학교에서 지켜야 할 규칙은 교칙 → (學 , 校)

(4) 공부하기 위해 학교에 들어가는 것은 입학 → (學 , 校)

3 다음 밑줄 친 말에 해당하는 한자를 보기 에서 찾아 그 번호를 쓰세요.

보기
① 長   ② 學   ③ 校   ④ 寸

(1) 아빠에게 수영을 배웠습니다. → (   )

(2) 감기에 걸려서 학교에 가지 못했습니다. → (   )

(3) 방과 후에 바이올린을 배우고 있습니다. → (   )

(4) 올해 초등학교에 입학한 동생에게 꽃을 선물했습니다. → (   )

4 다음 밑줄 친 한자의 훈(뜻)과 음(소리)을 쓰세요.

(1) | 校문 앞에서 짝을 만나기로 했습니다. |

훈: (   )   음: (   )

(2) | 어머니께서는 영어 學원에서 아이들을 가르치십니다. |

훈: (   )   음: (   )

5 다음 한자의 진하게 표시한 획은 몇 번째 쓰는지 보기 에서 찾아 그 번호를 쓰세요.

보기
① 세 번째   ② 네 번째   ③ 여섯 번째   ④ 아홉 번째

(1) 學 (   )   (2) 校 (   )

한자어 활용
6 다음 글에서 한자어의 독음(읽는 소리)을 쓰세요.

벤자민 프랭클린은 집안이 가난해 學校(☐ ☐)를 제대로 다니지 못했어요. 하지만 그는 科學(과 ☐)에 관심이 많아 여러 물건을 발명했지요. 그의 최고의 발명품은 피뢰침이에요. 피뢰침은 번개를 대신 맞도록 건물 꼭대기에 세운, 쇠로 만든 뾰족한 막대기예요. 피뢰침 덕분에 사람들은 번개나 벼락이 칠 때 생기는 피해를 막을 수 있게 되었어요.

한자 익히기

教 가르칠 교		선생님이 지시봉을 들고 학생을 가르치는 모습을 나타낸 글자예요. '가르치다'를 뜻해요.

부수 攵(攴)	총 11획	쓰는 순서 ノ ㄨ ㄷ ㅊ 孝 孝 孝 孝 教 教

教	教	教	教	教	教
가르칠 교	가르칠 교	가르칠 교	가르칠 교	가르칠 교	가르칠 교

1 사다리를 타고 내려가 한자의 훈(뜻)과 음(소리)이 바른 것을 모두 찾아 ○표 하세요.

모양 확인

教	室	教	室

집 실   가르칠 교   집 실   가르칠 교

● 한자를 따라 쓰며 익혀요.

室 집 실		사람이 사는 집의 모습을 나타낸 글자예요. '집', '방'을 뜻해요.
부수 宀	총 9획	쓰는 순서 `丶 丶 宀 宀 宀 宀 宓 宓 室`

室	室	室	室	室	室
집 실	집 실	집 실	집 실	집 실	집 실

2 한자어 카드의 빨간색 글자에 알맞은 한자를 ( )에서 찾아 ○표 하세요.

훈·음
확인

교훈
앞으로의 행동이나 생활에 방향이 될 만한 가르침.

(教 , 室)

거실
가족이 날마다 모여서 생활하는 공간.

(教 , 室)

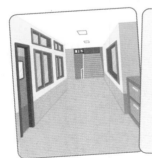

실내
방이나 건물 등의 안.

(教 , 室)

교육
지식과 기술 등을 가르치는 일.

(教 , 室)

실력 기르기

1 다음 한자의 훈(뜻)과 음(소리)을 찾아 선으로 이으세요.

한자 훈 음

(1) 教 · · 집 · · 실

(2) 室 · · 가르칠 · · 교

2 다음 밑줄 친 말에 해당하는 한자를 찾아 ○표 하세요.

(1) 학생을 가르치는 교사 → (教 , 室)

(2) 주로 잠을 자는 방인 침실 → (教 , 室)

(3) 건물 안에서 신는 신발은 실내화 → (教 , 室)

(4) 가르치거나 배우는 데 필요한 교재 → (教 , 室)

3 다음 밑줄 친 말에 해당하는 한자를 **보기**에서 찾아 그 번호를 쓰세요.

보기

① 教 ② 校 ③ 室 ④ 學

(1) 동생에게 구구단을 가르쳐 주었습니다. → ( )

(2) 우리는 정원이 있는 집으로 이사를 했습니다. → ( )

(3) 언니가 색종이로 별을 접는 방법을 가르쳐 주었습니다. → ( )

(4) 이곳은 교장 선생님이 사무를 보는 방인 교장실입니다. → ( )

4 다음 밑줄 친 한자의 훈(뜻)과 음(소리)을 쓰세요.

(1)
> 쉬는 시간에 화장**室**에 다녀왔습니다.

훈: (   ) 음: (   )

(2)
> 국어 **教**과서를 학교에 가져오지 못했습니다.

훈: (   ) 음: (   )

5 다음 한자의 진하게 표시한 획은 몇 번째 쓰는지 보기 에서 찾아 그 번호를 쓰세요.

보기
① 세 번째   ② 네 번째   ③ 다섯 번째   ④ 여덟 번째

(1) 教 (   ) (2) 室 (   )

한자어 활용
6 다음 글에서 한자어의 독음(읽는 소리)을 쓰세요.

> 여름철에 **教室**(교 실)이나 방과 같은 **室內**(내)를 시원하게
> 해 주는 장치가 있어요. 바로 에어컨이에요. 에어컨은 주로 위쪽에 *설치해
> 요. 왜냐하면 차가운 공기는 아래로 내려가고, 더운 공기는 위로 올라가는
> 성질이 있기 때문이에요. 더울 때 방에서 에어컨을 틀면 에어컨에서 나오
> 는 차가운 공기가 아래로 내려가면서 방 안 전체를 시원하게 해 주지요.
>
> * 설치해요: 기관이나 설비 등을 만들거나 제자리에 맞게 놓아요.

19일 학교 ❸ 한자 익히기

先 먼저 선		앞서 가는 사람의 발자국 모양을 따라 만든 글자예요. '먼저', '미리', '조상'을 뜻해요.

부수 儿	총 6획	쓰는 순서 ´ ̅ ⺧ 生 步 先

先	先	先	先	先	先
먼저 선	먼저 선	먼저 선	먼저 선	먼저 선	먼저 선

1 한자의 훈(뜻)과 음(소리)을 바르게 쓴 비눗방울을 모두 찾아 ○표 하세요.

모양
확인

先 날 생

生 날 생

先 날 생

先 먼저 선

生 날 생

生 먼저 선

● 한자를 따라 쓰며 익혀요.

生
날 생

땅 위에 새싹이 돋아나 자라는 모습을 나타낸 글자예요. '나다(태어나다)', '살다'를 뜻해요.

부수 生	총 5획	쓰는 순서 丿 ㄣ 仁 牛 生

生	生	生	生	生	生
날 생	날 생	날 생	날 생	날 생	날 생

2 한자어의 빨간색 글자에 알맞은 한자를 보기 에서 찾아 그 번호를 쓰세요.

훈·음
확인

보기

❶ 先　　　　❷ 生

선　배

같은 학교를 자기보다 먼저 입학한 사람.

(　　　　)

학　생

학교에 다니면서 공부하는 사람.

(　　　　)

생　활

사회 또는 단체의 한 사람으로 살아감.

(　　　　)

선　두

줄이나 행렬 등의 맨 앞.

(　　　　)

실력 기르기

1 다음 한자의 훈(뜻)과 음(소리)을 찾아 선으로 이으세요.

한자	훈	음
(1) 先 ·	· 날 ·	· 선
(2) 生 ·	· 먼저 ·	· 생

2 다음 밑줄 친 말에 해당하는 한자를 찾아 ○표 하세요.

(1) 먼저 도착하는 차례는 선착순 → (先 , 生)

(2) 물에서 잡아 올린 신선한 생선 → (先 , 生)

(3) 사람이 세상에 태어난 날은 생일 → (先 , 生)

(4) 다른 나라보다 발달이 앞선 선진국 → (先 , 生)

3 다음 밑줄 친 말에 해당하는 한자를 보기에서 찾아 그 번호를 쓰세요.

보기

① 室　　　② 生　　　③ 校　　　④ 先

(1) 친구에게 내가 먼저 사과했습니다. → (　　　)

(2) 살아 있는 꽃으로 장식하니 더 예쁩니다. → (　　　)

(3) 봄이 되자 땅에서 파릇파릇 새싹이 났습니다. → (　　　)

(4) 밖에 나갔다 집에 오면 먼저 손부터 씻도록 합니다. → (　　　)

4 다음 밑줄 친 한자의 훈(뜻)과 음(소리)을 쓰세요.

(1)
> 이 식당은 음식값이 **先**불이니 돈을 먼저 내세요.

훈: (　　　　　) 음: (　　　　　)

(2)
> 한 할머니께서 평**生** 모은 돈을 기부하셨습니다.

훈: (　　　　　) 음: (　　　　　)

5 다음 한자의 진하게 표시한 획은 몇 번째 쓰는지 보기 에서 찾아 그 번호를 쓰세요.

보기
> ① 첫 번째　　　　② 두 번째　　　　③ 세 번째　　　　④ 네 번째

(1) 先 (　　　　)　　(2) 生 (　　　　)

한자어 활용
6 다음 글에서 한자어의 독음(읽는 소리)을 쓰세요.

> 옹기는 **先祖**(　　조)들의 지혜가 담긴 그릇이에요. 옹기에 김치, 고추장 등을 담는 등 우리 조상들은 *日常(　　상)에서 옹기를 많이 사용했어요. 흙으로 만든 옹기에는 작은 구멍이 있어서 공기가 잘 통해요. 그래서 옹기에 음식을 담아 두면 잘 썩지 않아 오래 보관할 수 있었어요.
>
> * 일상: 날마다 반복되는 생활.

한자 익히기

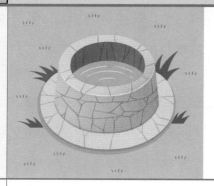

靑
푸를 청

옛날 우물의 맑음과 초목(풀과 나무)의 푸름을 나타낸 글자예요. '푸르다'를 뜻해요.

부수 靑	총 8획	쓰는 순서	ー	二	半	主	丰	靑	靑	靑

靑	靑	靑	靑	靑	靑
푸를 청	푸를 청	푸를 청	푸를 청	푸를 청	푸를 청

1 푸른색 공에 쓰인 한자에 ○표, 흰색 공에 쓰인 한자에 △표를 하세요.

모양
확인

푸를 청

靑   靑

白   白

白   白

靑   靑

흰 백

● 한자를 따라 쓰며 익혀요.

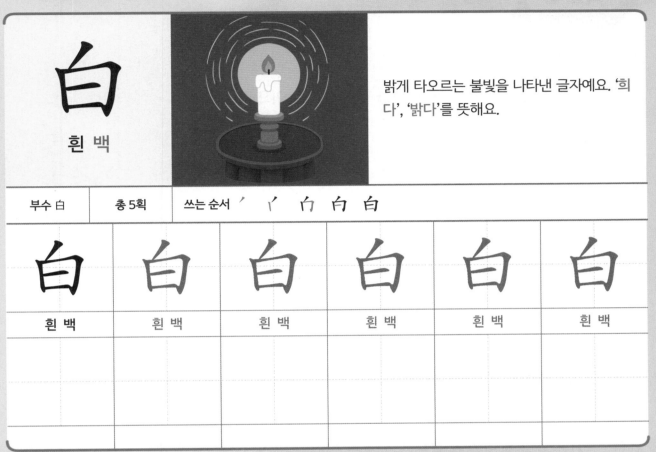

白 흰 백		밝게 타오르는 불빛을 나타낸 글자예요. '희다', '밝다'를 뜻해요.
부수 白	총 5획	쓰는 순서 ノ ′ 白 白 白

白	白	白	白	白	白
흰 백	흰 백	흰 백	흰 백	흰 백	흰 백

2 그림이 나타내는 한자어의 뜻을 보고, 빈칸에 들어갈 한자를 찾아 선으로 이으세요.

훈·음
확인

◯ 산

풀과 나무가 우거져 있는 푸른 산.

◯ 군

경기에서 편을 나눌 때, 흰색의 편.

여 ◯

종이에 글씨를 쓰고 남은 빈 자리.

청(靑)

백(白)

실력 기르기

1 다음 한자의 훈(뜻)과 음(소리)을 찾아 선으로 이으세요.

한자	훈	음
(1) 靑 •	• 흰 •	• 백
(2) 白 •	• 푸를 •	• 청

2 다음 밑줄 친 말에 해당하는 한자를 찾아 ○표 하세요.

(1) 하얀색 깃발은 백기 → (靑 , 白)

(2) 강가나 바닷가의 흰모래가 깔려 있는 곳은 백사장 → (靑 , 白)

(3) 고려 시대에 만든 푸른 빛깔의 도자기는 고려청자 → (靑 , 白)

(4) 맑은 하늘이나 바다처럼 밝고 선명한 푸른색은 청색 → (靑 , 白)

3 다음 밑줄 친 말에 해당하는 한자를 보기에서 찾아 그 번호를 쓰세요.

보기

① 白   ② 月   ③ 靑   ④ 日

(1) 흰 양말을 오래 신었더니 누렇게 변했습니다. → (   )

(2) 풀과 나무가 우거진 푸른 산이 아름답습니다. → (   )

(3) 어젯밤부터 온 세상이 흰 눈으로 뒤덮였습니다. → (   )

(4) 청바지는 질긴 무명천으로 만든 푸른색 바지입니다. → (   )

4 다음 밑줄 친 한자의 훈(뜻)과 음(소리)을 쓰세요.

(1)
> 우리 할아버지는 <u>靑</u>년처럼 힘이 셉니다.

훈: (　　　　　　　　) 음: (　　　　　　　　)

(2)
> 흑<u>白</u> 사진에 할머니의 젊은 모습이 담겨 있습니다.

훈: (　　　　　　　　) 음: (　　　　　　　　)

5 다음 한자의 진하게 표시한 획은 몇 번째 쓰는지 [보기]에서 찾아 그 번호를 쓰세요.

[보기]

① 첫 번째　　② 세 번째　　③ 네 번째　　④ 다섯 번째

(1) 靑 (　　　　　) (2) 白 (　　　　　)

[한자어 활용]

6 다음 글에서 한자어의 독음(읽는 소리)을 쓰세요.

'白紙張(　□　지　장　)도 맞들면 낫다'라는 속담을 들어본 적이 있나요? 아무리 쉬운 일이라도 서로 도와서 하면 훨씬 수월하게 할 수 있다는 뜻의 말이에요. 학교에서 *靑少年期(　□　소　년　기　)의 대부분을 보내는 우리는 이 속담을 기억하며 친구들과 협동하며 지내도록 해요.

* 청소년기: 아동이 신체적·정신적·사회적으로 성인이 되어 가는 도중의 시기.

21일

학교 ❶ ~ ❹

정리하기

주제별
한자를 그림과
함께 복습해요.

o 다음 그림을 보고, 빈칸에 알맞은 漢字(한자)를 보기에서 찾아 쓰세요.

┌─────────────── 보기 ───────────────┐

學   校   敎   室   先   生   靑   白

└────────────────────────────────────┘

❶ 학교[ ]에는 교실 여러 개와 운동장이 있어요.

❷ 교실은 학습 활동이 이루어지는 방[ ]이에요.

❸ 오늘 수업 시간에는 무엇을 배울까요[ ]?

❹ 수학 시간에 선생님께서 덧셈을 가르쳐[ ] 주셨어요.

❺ 하얀[ ] 칠판에 쓰인 문제들을 차례대로 풀어 보아요.

❻ 체육 시간에는 친구들이 먼저[ ] 골대에 공을 넣으려고 열심히 달렸어요.

❼ 학교 뒤편의 푸른[ ] 산과 화단에 난[ ] 풀과 꽃이 어우러져 보기 좋아요.

[1~7] 다음 글의 ( ) 안에 있는 漢字(한자)의 讀音(독음: 읽는 소리)을 쓰세요.

> 보기
>
> (漢) ➜ 한

1 아동 (靑)소년인 ( )

2 초등(學)생들은 ( )

3 학교(生)활을 할 때 ( )

4 일찍 등(校)하여 수업 준비를 하고 ( )

5 쉬는 시간에 화장(室)에 다녀오고 ( )

6 수업 시간에 (先)생님의 말씀을 잘 듣습니다. ( )

7 그리고 (敎)과서를 꼼꼼히 읽으며 공부합니다. ( )

[8~15] 다음 訓(훈: 뜻)이나 音(음: 소리)에 알맞은 漢字(한자)를 보기 에서 찾아 그 번호를 쓰세요.

> 보기
>
> ① 學   ② 校   ③ 敎   ④ 室
>
> ⑤ 先   ⑥ 靑   ⑦ 白   ⑧ 生

8 생 ( )   9 선 ( )

10 실 ( )   11 청 ( )

12 흰 ( )   13 학교 ( )

14 배울 ( )   15 가르칠 ( )

[16~23] 다음 밑줄 친 말에 해당하는 漢字(한자)를 **보기**에서 찾아 그 번호를 쓰세요.

> **보기**
>
> ① 學　　　② 校　　　③ 敎　　　④ 室
> ⑤ 靑　　　⑥ 先　　　⑦ 生　　　⑧ 白

16 푸른 산이 아름답습니다.　　　　　　　　　　(　　　　　)

17 주말마다 수영을 배웁니다.　　　　　　　　　(　　　　　)

18 형이 한자를 가르쳐 주었습니다.　　　　　　(　　　　　)

19 학교 운동장에서 줄넘기를 했습니다.　　　　(　　　　　)

20 날씨가 추우니 집 안으로 들어갑시다.　　　　(　　　　　)

21 아침에 일어나면 먼저 물을 마십니다.　　　　(　　　　　)

22 봄이 되면 나뭇가지에 새싹이 납니다.　　　　(　　　　　)

23 흰 종이에 바닷가에서 놀았던 일을 그렸습니다.　(　　　　　)

[24~28] 다음 漢字(한자)의 訓(훈: 뜻)과 音(음: 소리)을 쓰세요.

> **보기**
>
> 漢 → 한나라 한

24 室 (　　　　　)　　　　**25** 白 (　　　　　)

26 先 (　　　　　)　　　　**27** 校 (　　　　　)

28 敎 (　　　　　)

[29~32] 다음 漢字(한자)의 訓(훈: 뜻)을 보기 에서 찾아 그 번호를 쓰세요.

보기
---

① 날   ② 배울   ③ 푸를   ④ 가르칠

---

29 學 (   )   30 生 (   )

31 靑 (   )   32 敎 (   )

[33~36] 다음 漢字(한자)의 音(음: 소리)을 보기 에서 찾아 그 번호를 쓰세요.

보기
---

① 교   ② 백   ③ 청   ④ 학

---

33 白 (   )   34 學 (   )

35 靑 (   )   36 敎 (   )

[37~40] 다음 漢字(한자)의 진하게 표시한 획은 몇 번째 쓰는지 보기 에서 찾아 그 번호를 쓰세요.

보기
---

① 세 번째   ② 네 번째   ③ 다섯 번째   ④ 여섯 번째

---

37 先 (   )   38 學 (   )

39 白 (   )   40 校 (   )

22일 나라 ① 한자 익히기

韓
한국 / 나라 한

떠오른 해가 성을 비추는 모습을 나타낸 글자예요. '한국(대한민국)', '나라'를 뜻해요.

부수 韋	총 17획	쓰는 순서	一 十 十 古 古 直 卓 卓 轧 乾 乾 乾 韓 韓 韓 韓 韓

韓	韓	韓	韓	韓	韓
한국 / 나라 한	한국 / 나라 한	한국 / 나라 한	한국 / 나라 한	한국 / 나라 한	한국 / 나라 한

1 한자의 훈(뜻)과 음(소리)으로 바른 것을 따라 선으로 이으세요.

모양 확인

● 한자를 따라 쓰며 익혀요.

國

나라 / 국가 국

창을 들고 나라를 지키는 모습을 나타낸 글자예요. '나라', '국가'를 뜻해요.

| 부수 口 | 총 11획 | 쓰는 순서 | 丨 冂 冂 冃 冋 同 國 國 國 國 國 |

國	國	國	國	國	國
나라 / 국가 국	나라 / 국가 국	나라 / 국가 국	나라 / 국가 국	나라 / 국가 국	나라 / 국가 국

2 그림이 나타내는 한자어를 찾아 ○표 하세요.

훈·음
확인

韓

국 경 (　)
나라와 나라 사이의 경계.

한 옥 (　)
한국의 전통 집.

國

국 어 (　)
우리나라의 언어.

한 일 (　)
한국과 일본.

國

국 화 (　)
나라를 상징하는 꽃.

한 화 (　)
한국 돈.

國

국 악 (　)
우리나라 고유의 음악.

한 약 (　)
한국의 전통 의학에서 쓰는 약.

실력 기르기

1 다음 한자의 훈(뜻)과 음(소리)을 찾아 선으로 이으세요.

한자	훈	음
(1) 韓 ·	· 나라 / 국가 ·	· 한
(2) 國 ·	· 한국 / 나라 ·	· 국

2 다음 밑줄 친 말에 해당하는 한자를 찾아 ○표 하세요.

(1) 한국의 전통 의복인 한복 → (韓 , 國)

(2) 한국 고유의 음식인 한식 → (韓 , 國)

(3) 한 나라를 상징하는 깃발은 국기 → (韓 , 國)

(4) 대한민국을 대표하고 상징하는 노래는 애국가 → (韓 , 國)

3 다음 밑줄 친 말에 해당하는 한자를 보기에서 찾아 그 번호를 쓰세요.

보기

① 韓	② 國	③ 學	④ 敎

(1) 월드컵이 한국과 일본에서 열렸습니다. → ( )

(2) 미국의 유명한 배우가 한국에 왔습니다. → ( )

(3) 옛날, 이성계는 조선이라는 국가를 세웠습니다. → ( )

(4) 우리 모둠은 국가를 상징하는 꽃에 대해 조사했습니다. → ( )

4 다음 밑줄 친 한자의 훈(뜻)과 음(소리)을 쓰세요.

(1)
> 숭례문은 우리나라의 <u>國</u>보입니다.

훈: (   )   음: (   )

(2)
> <u>韓</u>지는 닥나무로 만든 우리나라 고유의 종이입니다.

훈: (   )   음: (   )

5 다음 한자의 진하게 표시한 획은 몇 번째 쓰는지 보기 에서 찾아 그 번호를 쓰세요.

보기

① 네 번째   ② 다섯 번째   ③ 여섯 번째   ④ 일곱 번째

(1) 韓 (   )   (2) 國 (   )

한자어 활용

6 다음 글에서 한자어의 독음(읽는 소리)을 쓰세요.

> 예전에 우리나라는 36년 동안 일본에 나라를 빼앗겼어요. 그때 *독립운
> 동가들은 나라를 되찾기 위해 우리 **國民**(□ 민)의 힘을 한곳에 모아
> 야 한다고 생각했어요. 그래서 중국 상하이에 **大韓民國**(대 □ 민
> □) 임시 정부를 세웠어요. 임시 정부는 우리나라의 독립을 위해 힘쓰
> 며 중요한 역할을 했어요.
>
> * 독립운동가: 빼앗긴 나라를 되찾기 위한 활동을 하는 사람.

한자 익히기

王 임금 왕		도끼의 모습을 나타낸 글자예요. 옛날에는 도끼가 왕의 힘이나 권력을 의미했어요. 그래서 '임금'을 뜻하게 되었어요.
부수 王	총 4획	쓰는 순서 ⌐ 〓 〒 王

王	王	王	王	王	王
임금 왕	임금 왕	임금 왕	임금 왕	임금 왕	임금 왕

1 연에 쓰인 한자의 훈(뜻)과 음(소리)을 찾아 선으로 이으세요.

모양
확인

● 한자를 따라 쓰며 익혀요.

부수 氏	총 5획	쓰는 순서 ㄱ ㄱ ㄹ ㄹ 民

民	民	民	民	民	民
백성 민	백성 민	백성 민	백성 민	백성 민	백성 민

한 나라를 이루는 사람들을 나타낸 글자예요. '백성', '사람'을 뜻해요.

2 한자어 카드의 빨간색 글자에 알맞은 한자를 찾아 V표 하세요.

훈·음
확인

용 **왕**
바닷속 세상을 다스리는 왕.
☐ 王
☐ 民

국 **민**
한 나라를 구성하는 사람.
☐ 王
☐ 民

시 **민**
도시에 살고 있는 사람.
☐ 王
☐ 民

왕 관
임금이 머리에 쓰는 관.
☐ 王
☐ 民

1 다음 한자의 훈(뜻)과 음(소리)을 찾아 선으로 이으세요.

한자   훈   음

(1) 王 ·   · 백성 ·   · 민

(2) 民 ·   · 임금 ·   · 왕

2 다음 밑줄 친 말에 해당하는 한자를 찾아 ○표 하세요.

(1) 임금의 아들인 <u>왕</u>자   → (王 , 民)

(2) 임금이 사는 궁전은 <u>왕</u>궁   → (王 , 民)

(3) 일반 국민의 생각과 마음은 <u>민</u>심   → (王 , 民)

(4) 다른 나라에 가서 사는 것은 이<u>민</u>   → (王 , 民)

3 다음 밑줄 친 말에 해당하는 한자를 보기 에서 찾아 그 번호를 쓰세요.

보기

① 民   ② 母   ③ 靑   ④ 王

(1) 경주에서 <u>임금</u>의 무덤을 보았습니다.   → (   )

(2) 가뭄이 들어 수많은 <u>백성</u>들이 굶주렸습니다.   → (   )

(3) <u>임금</u>은 전쟁에서 이긴 장군에게 큰 상을 내렸습니다.   → (   )

(4) <u>왕</u>은 백성이 살기 좋은 나라를 만들려고 힘썼습니다.   → (   )

4 다음 밑줄 친 한자의 훈(뜻)과 음(소리)을 쓰세요.

(1) 가족과 함께 지난 주말에 <u>民</u>속촌에 다녀왔습니다.

훈: (   ) 음: (   )

(2) 궁궐에 살았던 왕과 <u>王</u>비는 화려한 옷을 입었습니다.

훈: (   ) 음: (   )

5 다음 한자의 진하게 표시한 획은 몇 번째 쓰는지 보기에서 찾아 그 번호를 쓰세요.

보기

① 세 번째   ② 네 번째   ③ 다섯 번째   ④ 여섯 번째

(1) 王 (   )   (2) 民 (   )

한자어 활용

6 다음 글에서 한자어의 독음(읽는 소리)을 쓰세요.

세종 大王(대 [ ])은 항상 백성을 먼저 생각한 훌륭한 임금이었어요. 그래서 글을 몰라 억울한 일을 당하는 백성이 없도록 누구나 배우기 쉬운 한글을 만들었어요. 또, 農民(농 [ ])을 위해 농사법이 담긴 『농사직설』이라는 책을 펴냈어요. 그리고 해시계, 물시계, 측우기와 같은 여러 기구도 만들게 하여 백성들이 편안하게 살도록 했답니다.

한자 익히기

軍 군사 군		

군사들이 전차를 빙 둘러싼 모습을 나타낸 글자예요. '군사', '군대'를 뜻해요.

부수 車	총 9획	쓰는 순서 　 冖 冖 昌 冒 冒 冒 軍 軍

軍	軍	軍	軍	軍	軍
군사 군	군사 군	군사 군	군사 군	군사 군	군사 군

1 사막과 바다에서 각 깃발에 쓰인 한자의 훈(뜻)과 음(소리)을 모두 찾아 ○표 하세요.

모양 확인

● 한자를 따라 쓰며 익혀요.

萬
일만 만

알을 많이 낳는 전갈의 모양을 따라 만든 글자예요. '일만', '많다'를 뜻해요.

부수 ⁺⁺(艸)	총 13획	쓰는 순서	一 十 十 艹 艹 芍 苪 苗 苗 萬 萬 萬 萬

萬	萬	萬	萬	萬	萬
일만 만	일만 만	일만 만	일만 만	일만 만	일만 만

2 그림이 나타내는 한자어의 뜻을 보고, 빈칸에 들어갈 한자를 찾아 선으로 이으세요.

훈·음
확인

□복

군인들이 입는 옷.

□인

군대에 있으며 나라를 지키는 사람.

□세

두 손을 높이 들면서 외치는 소리.

군(軍)

만(萬)

1 다음 한자의 훈(뜻)과 음(소리)을 찾아 선으로 이으세요.

한자	훈	음
(1) 軍 ·	· 군사 ·	· 만
(2) 萬 ·	· 일만 ·	· 군

2 다음 밑줄 친 말에 해당하는 한자를 찾아 ○표 하세요.

(1) 여자 군인은 여군 → (軍 , 萬)

(2) 적의 군대나 군사는 적군 → (軍 , 萬)

(3) 세상에 있는 모든 것은 만물 → (軍 , 萬)

(4) 아주 추운 지방이나 높은 산지에 녹지 않고 항상 쌓여 있는 눈은 만년설

→ (軍 , 萬)

3 다음 밑줄 친 말에 해당하는 한자를 보기에서 찾아 그 번호를 쓰세요.

보기
① 室　　② 軍　　③ 萬　　④ 長

(1) 야구장에 만 명의 관중이 모여들었습니다. → (　　　)

(2) 모든 군사들은 전쟁을 할 준비를 했습니다. → (　　　)

(3) 땅에 만 원짜리 지폐가 떨어져 있었습니다. → (　　　)

(4) 장군이 앞장서서 군사들을 잘 이끌었습니다. → (　　　)

4 다음 밑줄 친 한자의 훈(뜻)과 음(소리)을 쓰세요.

(1)
> 다치지 않았다니 천**萬**다행입니다.

훈: (   ) 음: (   )

(2)
> 삼촌은 바다를 지키는 용감한 해**軍**입니다.

훈: (   ) 음: (   )

5 다음 한자의 진하게 표시한 획은 몇 번째 쓰는지 보기에서 찾아 그 번호를 쓰세요.

보기
> ① 첫 번째   ② 두 번째   ③ 네 번째   ④ 여섯 번째

(1) 軍 (   ) (2) 萬 (   )

한자어 활용
6 다음 글에서 한자어의 독음(읽는 소리)을 쓰세요.

> 옛날, 중국 수나라 왕이 군대를 거느리고 고구려에 쳐들어왔어요. 고구려의 을지문덕 장군은 적군을 물리칠 작전을 세웠어요. 을지문덕 장군은 수나라 **軍士**(사)들이 강을 건너도록 꾀어내어 공격했어요. 강물에 휩쓸린 적군들은 **三十萬**(   ) 명 중에 겨우 이천칠백 명 정도만 살아서 달아났어요. 결국 을지문덕이 이끄는 고구려군은 큰 승리를 거두었어요.

門
문 문

양쪽으로 열고 닫는 문의 모양을 따라 만든 글자예요. '문'을 뜻해요.

부수 門	총 8획	쓰는 순서	丨 丨 丨 丨 丨 門 門 門

門	門	門	門	門	門
문 문	문 문	문 문	문 문	문 문	문 문

1 한자의 훈(뜻)과 음(소리)을 바르게 쓴 것을 모두 찾아 ○표 하세요.

모양 확인

해 년(연)　　해 년(연)

문 문　　문 문　　해 년(연)

● 한자를 따라 쓰며 익혀요.

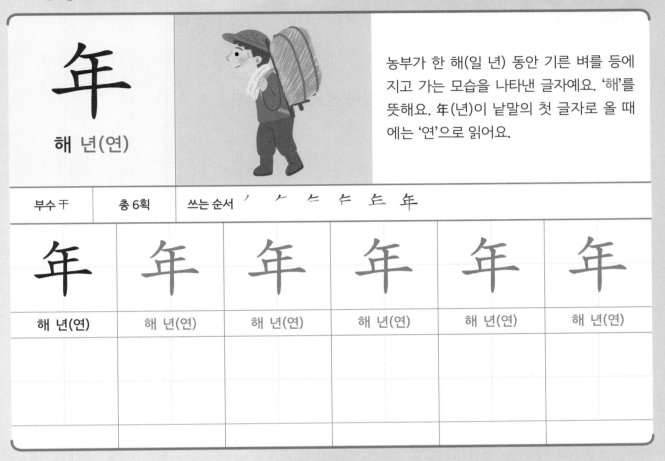

年
해 년(연)

농부가 한 해(일 년) 동안 기른 벼를 등에 지고 가는 모습을 나타낸 글자예요. '해'를 뜻해요. 年(년)이 낱말의 첫 글자로 올 때에는 '연'으로 읽어요.

부수 干	총 6획	쓰는 순서 ノ ヒ ヒ 上 午 年

年	年	年	年	年	年
해 년(연)	해 년(연)	해 년(연)	해 년(연)	해 년(연)	해 년(연)

2 한자에 어울리는 그림을 찾아 ∨표 하세요.

훈·음
확인

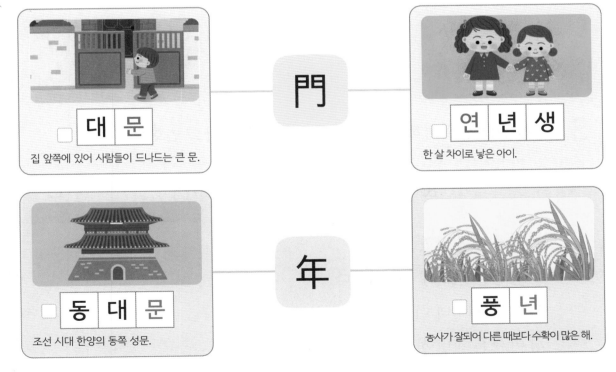

□ 대 문
집 앞쪽에 있어 사람들이 드나드는 큰 문.

門

□ 연 년 생
한 살 차이로 낳은 아이.

□ 동 대 문
조선 시대 한양의 동쪽 성문.

年

□ 풍 년
농사가 잘되어 다른 때보다 수확이 많은 해.

실력 기르기

1 다음 한자의 훈(뜻)과 음(소리)을 찾아 선으로 이으세요.

한자	훈	음
(1) 門 ·	· 문 ·	· 년(연)
(2) 年 ·	· 해 ·	· 문

2 다음 밑줄 친 말에 해당하는 한자를 찾아 ○표 하세요.

(1) 학교의 문인 교문   → (門 , 年)

(2) 한 해의 끝 무렵인 연말   → (門 , 年)

(3) 올해의 바로 다음 해인 내년   → (門 , 年)

(4) 공기나 햇빛이 들어올 수 있게 만든 문은 창문   → (門 , 年)

3 다음 밑줄 친 말에 해당하는 한자를 보기 에서 찾아 그 번호를 쓰세요.

보기

① 民	② 萬	③ 門	④ 年

(1) 가게 문이 닫혔습니다.   → (   )

(2) 동생은 문 뒤에 숨었습니다.   → (   )

(3) 몇 해 전부터 이 아이스크림이 인기입니다.   → (   )

(4) 이 책은 작년 한 해 동안 만 권이 팔렸습니다.   → (   )

4 다음 밑줄 친 한자의 훈(뜻)과 음(소리)을 쓰세요.

(1)
> 매年 5월마다 체험 학습을 갑니다.

훈: (   ) 음: (   )

(2)
> 방門이 잠겨서 들어갈 수가 없습니다.

훈: (   ) 음: (   )

5 다음 한자의 진하게 표시한 획은 몇 번째 쓰는지 보기에서 찾아 그 번호를 쓰세요.

보기

① 두 번째   ② 세 번째   ③ 네 번째   ④ 다섯 번째

(1) 門 (   ) (2) 年 (   )

한자어 활용

6 다음 글에서 한자어의 독음(읽는 소리)을 쓰세요.

> 나랏일을 할 때, 어느 한쪽에 힘이 쏠리지 않게 하려고 역할을 나누어서 해요. 우리나라는 1948年度(도)부터 '국회', '정부', '법원'이 역할을 나누어 일하고 있어요. 국회는 법을 만들거나 바꾸고, 정부는 나라 살림을 하고, 법원은 재판을 해요. *기관별로 專門(전   ) 지식을 가지고, 서로 돕고 감시하며 나라를 이끌어 간답니다.
>
> * 기관: 어떤 목적을 이루기 위하여 만든 조직.

정리하기

o 다음 그림을 보고, 빈칸에 알맞은 漢字(한자)를 보기에서 찾아 쓰세요.

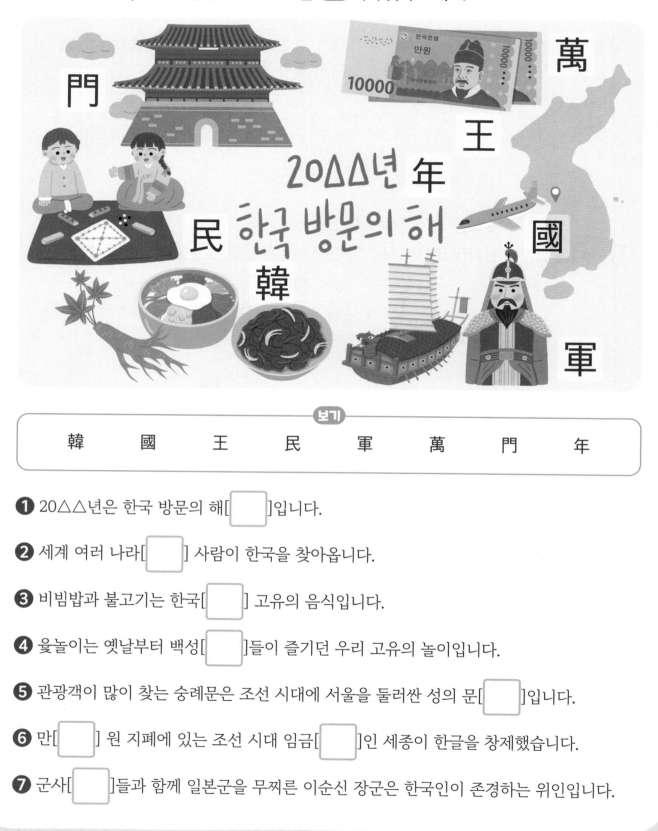

보기

| 韓 | 國 | 王 | 民 | 軍 | 萬 | 門 | 年 |

❶ 20△△년은 한국 방문의 해[　]입니다.

❷ 세계 여러 나라[　] 사람이 한국을 찾아옵니다.

❸ 비빔밥과 불고기는 한국[　] 고유의 음식입니다.

❹ 윷놀이는 옛날부터 백성[　]들이 즐기던 우리 고유의 놀이입니다.

❺ 관광객이 많이 찾는 숭례문은 조선 시대에 서울을 둘러싼 성의 문[　]입니다.

❻ 만[　] 원 지폐에 있는 조선 시대 임금[　]인 세종이 한글을 창제했습니다.

❼ 군사[　]들과 함께 일본군을 무찌른 이순신 장군은 한국인이 존경하는 위인입니다.

급수 시험
유형 문제로
실력을 다져요!

[1~7] 다음 글의 (   ) 안에 있는 漢字(한자)의 讀音(독음: 읽는 소리)을 쓰세요.

보기
(漢) → 한

1   (韓)복을 차려입고   (   )

2   (民)속 박물관에 갔습니다.   (   )

3   박물관 정(門)을 지나 전시실로 들어가   (   )

4   (王)이 쓰던 왕관과   (   )

5   (國)경을 지키던   (   )

6   (軍)사들의 모습도 살펴보며   (   )

7   우리나라의 역사를 (年)도별로 공부했습니다.   (   )

[8~15] 다음 訓(훈: 뜻)이나 音(음: 소리)에 알맞은 漢字(한자)를 보기에서 찾아 그 번호를 쓰세요.

보기
① 韓   ② 王   ③ 民   ④ 軍
⑤ 萬   ⑥ 門   ⑦ 年   ⑧ 國

8   해 (   )   9   문 (   )

10 국 (   )   11 민 (   )

12 군사 (   )   13 임금 (   )

14 일만 (   )   15 한국 / 나라 (   )

[16~23] 다음 밑줄 친 말에 해당하는 漢字(한자)를 **보기**에서 찾아 그 번호를 쓰세요.

보기

① 國   ② 王   ③ 軍   ④ 門
⑤ 年   ⑥ 韓   ⑦ 民   ⑧ 萬

16 이웃 <u>국가</u>에 지진이 났습니다.   (   )

17 <u>해</u>가 바뀌면 아홉 살이 됩니다.   (   )

18 <u>문</u>을 두드리는 소리가 들립니다.   (   )

19 신하들이 <u>임금</u>에게 절을 했습니다.   (   )

20 <u>군사</u>들은 날마다 열심히 훈련했습니다.   (   )

21 가야금은 <u>한국</u> 전통 악기 중 하나입니다.   (   )

22 소년은 자라서 <u>백성</u>을 다스리는 관리가 되었습니다.   (   )

23 한 장수가 <u>만</u> 명의 군사를 이끌고 전쟁터에 나갔습니다.   (   )

[24~28] 다음 漢字(한자)의 訓(훈: 뜻)과 音(음: 소리)을 쓰세요.

보기

漢 → 한나라 한

24 門 (   )   25 民 (   )

26 國 (   )   27 萬 (   )

28 韓 (   )

[29~32] 다음 漢字(한자)의 訓(훈: 뜻)을 보기에서 찾아 그 번호를 쓰세요.

보기
① 해	② 군사	③ 일만	④ 임금

29 年 (   )   30 王 (   )

31 軍 (   )   32 萬 (   )

[33~36] 다음 漢字(한자)의 音(음: 소리)을 보기에서 찾아 그 번호를 쓰세요.

보기
① 국	② 민	③ 한	④ 문

33 民 (   )   34 國 (   )

35 韓 (   )   36 門 (   )

[37~40] 다음 漢字(한자)의 진하게 표시한 획은 몇 번째 쓰는지 보기에서 찾아 그 번호를 쓰세요.

보기
① 세 번째	② 네 번째	③ 다섯 번째	④ 여섯 번째

37 王 (   )   38 門 (   )

39 萬 (   )   40 韓 (   )

한자 익히기

大 큰 대		양팔을 벌리고 있는 큰 사람의 모습을 따라 만든 글자예요. '크다', '많다'를 뜻해요.

부수 大	총 3획	쓰는 순서 一 ナ 大

大	大	大	大	大	大
큰 대	큰 대	큰 대	큰 대	큰 대	큰 대

1 모양 확인

한자의 훈(뜻)과 음(소리)을 보기에서 찾아 같은 색으로 팻말에 칠하세요.

보기 훈·음

큰 대

작을 소

大 小 小 小 大 小

● 한자를 따라 쓰며 익혀요.

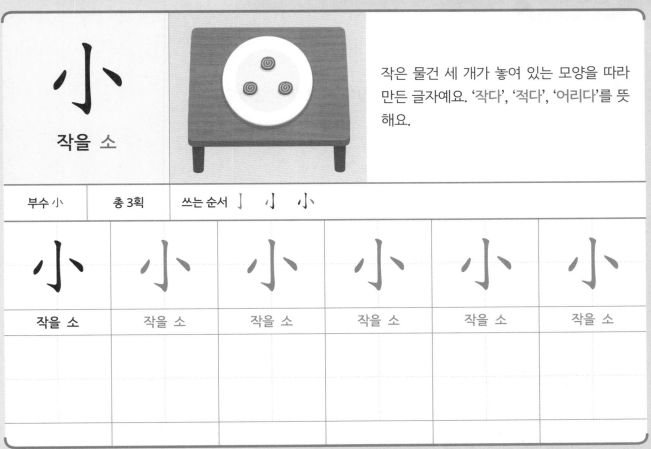

小
작을 소

작은 물건 세 개가 놓여 있는 모양을 따라 만든 글자예요. '작다', '적다', '어리다'를 뜻해요.

부수 小	총 3획	쓰는 순서 亅 小 小

小	小	小	小	小	小
작을 소	작을 소	작을 소	작을 소	작을 소	작을 소

2 한자어 카드의 빨간색 글자에 알맞은 한자를 찾아 ∨표 하세요.

_{훈·음
확인}

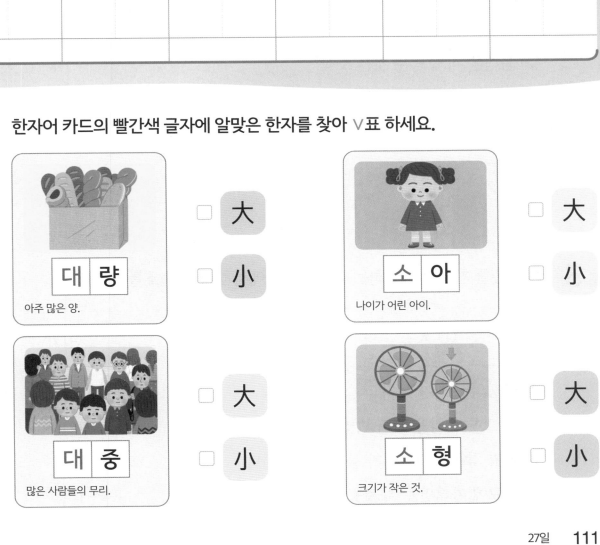

대 량
아주 많은 양.
☐ 大
☐ 小

소 아
나이가 어린 아이.
☐ 大
☐ 小

대 중
많은 사람들의 무리.
☐ 大
☐ 小

소 형
크기가 작은 것.
☐ 大
☐ 小

27일 상대자 ① 실력 기르기

1 다음 한자의 훈(뜻)과 음(소리)을 찾아 선으로 이으세요.

한자	훈	음
(1) 大 ·	· 큰 ·	· 소
(2) 小 ·	· 작을 ·	· 대

2 다음 밑줄 친 말에 해당하는 한자를 찾아 ○표 하세요.

(1) 크고 넓은 땅은 <u>대</u>륙 → (大 , 小)

(2) 음식을 적게 먹는 것은 <u>소</u>식 → (大 , 小)

(3) 사람들이 드나드는 큰 문은 <u>대</u>문 → (大 , 小)

(4) 수나 정도가 가장 작은 것은 최<u>소</u> → (大 , 小)

3 다음 밑줄 친 말에 해당하는 한자를 보기 에서 찾아 그 번호를 쓰세요.

보기

① 人   ② 大   ③ 七   ④ 小

(1) 극장의 크기가 무척 <u>작습니다</u>. → (   )

(2) <u>큰</u> 그릇에 밥을 비벼 먹었습니다. → (   )

(3) 키가 <u>작은</u> 여자아이가 폴짝폴짝 뜁니다. → (   )

(4) 학교에 가려면 <u>큰</u> 도로를 건너야 합니다. → (   )

4 다음 밑줄 친 한자의 훈(뜻)과 음(소리)을 쓰세요.

(1)
> 大설 때문에 차가 많이 막혔습니다.

훈: (   ) 음: (   )

(2)
> 걸리버와 함께 小인국에 가는 꿈을 꾸었습니다.

훈: (   ) 음: (   )

5 다음 한자의 진하게 표시한 획은 몇 번째 쓰는지 보기 에서 찾아 그 번호를 쓰세요.

보기
> ① 첫 번째   ② 두 번째   ③ 세 번째   ④ 네 번째

(1) 大 (   )   (2) 小 (   )

한자어 활용

6 다음 글에서 한자어의 독음(읽는 소리)을 쓰세요.

> 돋보기처럼 가장자리보다 가운데 부분이 두꺼운 렌즈를 볼록 렌즈라
> 고 해요. 볼록 렌즈로 물건을 보면 물건의 크기가 擴大(확 　　)되어
> 보여요. 반대로 가장자리보다 가운데 부분이 얇은 렌즈는 오목 렌즈라고
> 해요. 오목 렌즈로 물건을 보면 물건의 크기가 縮小(축 　　)되어 보인
> 답니다.

한자 익히기

東 동녘 동		나무에 해가 걸린 모습을 따라 만든 글자예요. 해는 동쪽에서 떠요. 그래서 '동쪽'을 뜻해요.

부수 木	총 8획	쓰는 순서 `一 厂 冂 冃 甶 車 東 東`

東	東	東	東	東	東
동녘 동	동녘 동	동녘 동	동녘 동	동녘 동	동녘 동

1 한자의 훈(뜻)과 음(소리)으로 바른 것을 따라가 선으로 이으세요.

모양 확인

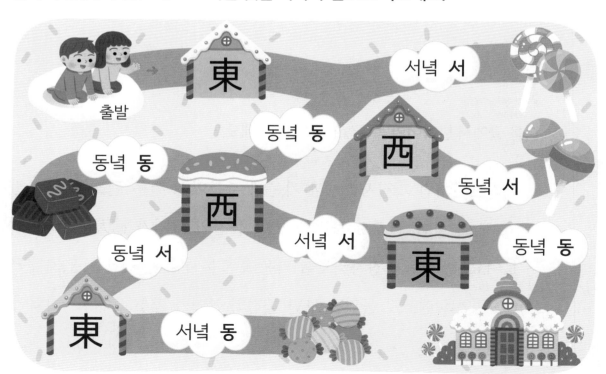

● 한자를 따라 쓰며 익혀요.

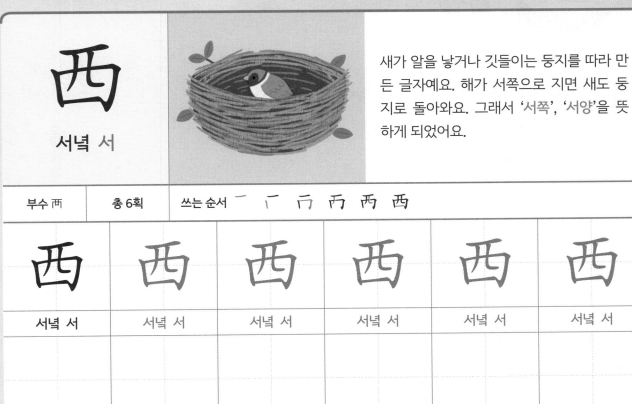

西		
서녘 서		

새가 알을 낳거나 깃들이는 둥지를 따라 만든 글자예요. 해가 서쪽으로 지면 새도 둥지로 돌아와요. 그래서 '서쪽', '서양'을 뜻하게 되었어요.

부수 襾	총 6획	쓰는 순서 一 ㄱ ㄱ 刀 两 两 西

西	西	西	西	西	西
서녘 서	서녘 서	서녘 서	서녘 서	서녘 서	서녘 서

2 한자어의 빨간색 글자에 알맞은 한자를 보기에서 찾아 그 번호를 쓰세요.

훈·음
확인

보기

❶ 東   ❷ 西

서 양 인

서양 여러 나라의 사람.

(   )

동 해

동쪽에 있는 바다.

(   )

동 풍

동쪽에서 부는 바람.

(   )

서 부

어떤 지역의 서쪽 부분.

(   )

1 다음 한자의 훈(뜻)과 음(소리)을 찾아 선으로 이으세요.

한자	훈	음
(1) 東 ・	・ 서녘 ・	・ 동
(2) 西 ・	・ 동녘 ・	・ 서

2 다음 밑줄 친 말에 해당하는 한자를 찾아 ○표 하세요.

(1) 서쪽 방향은 서향 → (東 , 西)

(2) 동쪽에 있는 문은 동문 → (東 , 西)

(3) 서쪽에서 불어오는 바람은 서풍 → (東 , 西)

(4) 조선 시대에 한양을 둘러싼 성의 동쪽 문은 동대문 → (東 , 西)

3 다음 밑줄 친 말에 해당하는 한자를 보기에서 찾아 그 번호를 쓰세요.

보기

① 大   ② 東   ③ 西   ④ 學

(1) 별은 동쪽에서 서쪽으로 움직입니다. → ( )

(2) 독도는 우리나라의 동쪽 끝에 있습니다. → ( )

(3) 서쪽으로 조금만 가면 우리 마을이 나옵니다. → ( )

(4) 갑자기 유람선이 서쪽으로 방향을 바꾸었습니다. → ( )

4 다음 밑줄 친 한자의 훈(뜻)과 음(소리)을 쓰세요.

(1)
내일 **東**부 지역에 눈이 내리겠습니다.

훈: (   ) 음: (   )

(2)
동생이 묻는 말과 상관이 없는 동문**西**답을 했습니다.

훈: (   ) 음: (   )

5 다음 한자의 진하게 표시한 획은 몇 번째 쓰는지 보기에서 찾아 그 번호를 쓰세요.

보기

① 두 번째   ② 세 번째   ③ 네 번째   ④ 다섯 번째

(1) 東 (   )   (2) 西 (   )

한자어 활용
6 다음 글에서 한자어의 독음(읽는 소리)을 쓰세요.

『동의보감』은 조선 시대의 *명의인 허준이 쓴 의학책이에요. 이 책에는 허준이 실제로 환자를 치료하면서 알게 된 내용과 약을 만드는 재료 등이 자세하게 쓰여 있어요. 또한 『동의보감』은 각 병에 따라 진단과 처방을 내린 책으로, 東洋(　　양)은 물론이고 西洋(　　양)에서도 인정받는 우수한 의학책이에요.

* 명의: 병을 잘 고쳐 이름난 의원이나 의사.

한자 익히기

南 남녘 남		악기로 쓰인 종의 모양을 따라 만든 글자예요. 이 악기가 남쪽에서 유행했어요. 그래서 '남쪽'을 뜻해요.

부수 ＋	총 9획	쓰는 순서 一 十 十 南 南 南 南 南 南

南	南	南	南	南	南
남녘 남	남녘 남	남녘 남	남녘 남	남녘 남	남녘 남

1 한자의 훈(뜻)과 음(소리)을 찾아 선으로 이으세요.

모양 확인

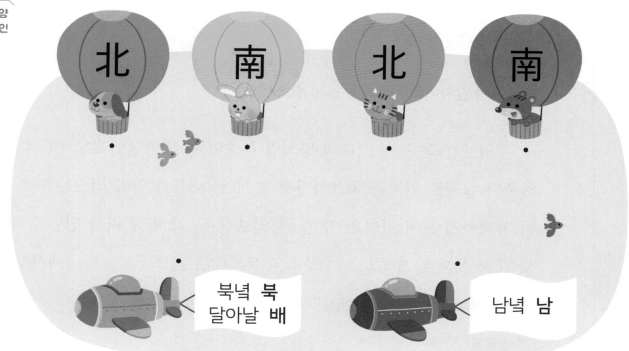

● 한자를 따라 쓰며 익혀요.

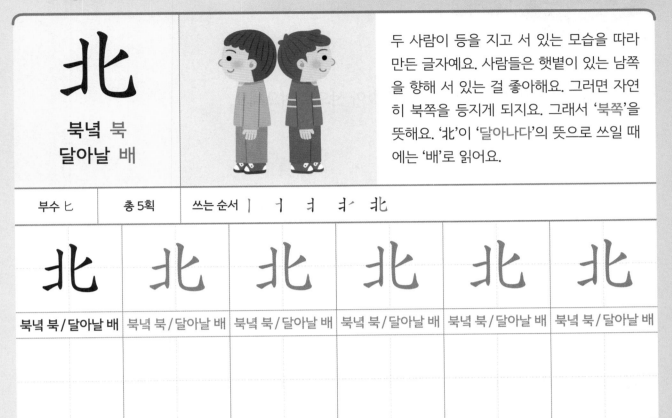

北

북녘 북
달아날 배

두 사람이 등을 지고 서 있는 모습을 따라 만든 글자예요. 사람들은 햇볕이 있는 남쪽을 향해 서 있는 걸 좋아해요. 그러면 자연히 북쪽을 등지게 되지요. 그래서 '북쪽'을 뜻해요. '北'이 '달아나다'의 뜻으로 쓰일 때에는 '배'로 읽어요.

부수 ヒ	총 5획	쓰는 순서 丨 丬 廾 놔 北

北	北	北	北	北	北
북녘 북/달아날 배	북녘 북/달아날 배	북녘 북/달아날 배	북녘 북/달아날 배	북녘 북/달아날 배	북녘 북/달아날 배

2 그림이 나타내는 한자어의 뜻을 보고, 빈칸에 들어갈 한자를 찾아 ○표 하세요.

훈·음
확인

☐ 상
북쪽으로 올라감.

南   北

☐ 풍
남쪽에서 부는 바람.

南   北

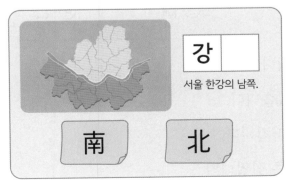

강 ☐
서울 한강의 남쪽.

南   北

☐ 극
지구의 북쪽 끝.

南   北

실력 기르기

1 다음 한자의 훈(뜻)과 음(소리)을 찾아 선으로 이으세요.

한자	훈	음
(1) 南 •	• 남녘 •	• 남
(2) 北 •	• 북녘 / 달아날 •	• 북 / 배

2 다음 밑줄 친 말에 해당하는 한자를 찾아 ○표 하세요.

(1) 겨루어서 진 것은 패<u>배</u>   →   (南 , 北)

(2) <u>남</u>쪽에 있는 바다는 남해   →   (南 , 北)

(3) <u>북</u>극 가까이에 있는 별은 북극성   →   (南 , 北)

(4) 조선 시대에 한양을 둘러싼 성의 <u>남</u>쪽 문은 남대문   →   (南 , 北)

3 다음 밑줄 친 말에 해당하는 한자를 보기에서 찾아 그 번호를 쓰세요.

보기
① 南	② 東	③ 西	④ 北

(1) 기러기는 봄에 <u>북</u>쪽으로 날아갑니다.   →   (   )

(2) 헬리콥터가 <u>남</u>쪽으로 날아가고 있습니다.   →   (   )

(3) 나침반의 붉은 바늘은 <u>북</u>쪽을 가리킵니다.   →   (   )

(4) 제주도는 우리나라 <u>남</u>쪽에 있는 큰 섬입니다. →   (   )

4 다음 밑줄 친 한자의 훈(뜻)과 음(소리)을 쓰세요.

(1)
> 백두산은 <u>北</u>한에 있는 높은 산입니다.

훈: (   ) 음: (   )

(2)
> 엄마와 <u>南</u>산 꼭대기에 처음 올라갔습니다.

훈: (   ) 음: (   )

5 다음 한자의 진하게 표시한 획은 몇 번째 쓰는지 **보기**에서 찾아 그 번호를 쓰세요.

보기
> ① 두 번째   ② 세 번째   ③ 네 번째   ④ 다섯 번째

(1) 南 (   )   (2) 北 (   )

한자어 활용

6 다음 글에서 한자어의 독음(읽는 소리)을 쓰세요.

> 지구의 남쪽 끝은 '南極(　　극)'이라고 부르고, 지구의 북쪽 끝은 '北極(　　극)'이라고 불러요. 남극은 커다란 땅 위에 두꺼운 얼음이 덮여 있는 곳으로, 지구에서 가장 추운 곳이에요. 이곳은 너무 추워서 사람이 살 수 없어요. 하지만 대부분이 바다인 북극은 남극보다 덜 추워요. 북극에는 에스키모인들이 얼음으로 집을 짓고 물고기를 사냥하며 살아요.

外 바깥 외		夕(저녁 석)과 卜(점 복)이 합쳐진 글자예요. 옛날에는 아침에 점을 쳤어요. 저녁은 점을 치는 때가 아니었어요. 그래서 '바깥(밖)', '겉', '외국'을 뜻하게 되었어요.

부수 夕	총 5획	쓰는 순서 ⺈ ⺈ 夕 外 外			
外	外	外	外	外	外
바깥 외	바깥 외	바깥 외	바깥 외	바깥 외	바깥 외

1 그림에 있는 한자의 개수를 세어 쓰세요.

모양 확인

→ 바깥 외: (　　　　　)개, 가운데 중: (　　　　　)개

● 한자를 따라 쓰며 익혀요.

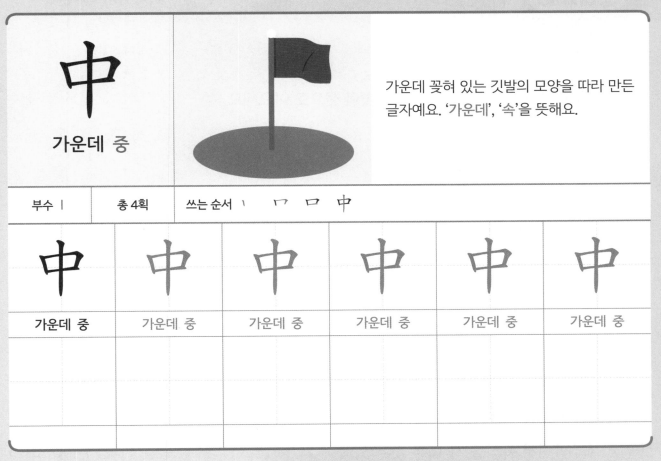

中 가운데 중	가운데 꽂혀 있는 깃발의 모양을 따라 만든 글자예요. '가운데', '속'을 뜻해요.

부수 l	총 4획	쓰는 순서 丨 冂 口 中

中	中	中	中	中	中
가운데 중	가운데 중	가운데 중	가운데 중	가운데 중	가운데 중

2 한자어 카드의 빨간색 글자에 알맞은 한자를 찾아 선으로 이으세요.

훈·음
확인

외 출

할 일이 있어 잠시 밖에 나감.

중 심

어떤 것의 한가운데.

외 투

추위를 막기 위해 겉에 입는 옷.

外

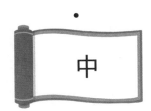

中

1 다음 한자의 훈(뜻)과 음(소리)을 찾아 선으로 이으세요.

한자	훈	음
(1) 外 •	• 바깥 •	• 중
(2) 中 •	• 가운데 •	• 외

2 다음 밑줄 친 말에 해당하는 한자를 찾아 ○표 하세요.

(1) 장소나 시간 등의 가운데인 <u>중</u>간   → (外 , 中)

(2) 밖에서 음식을 사 먹는 것은 <u>외</u>식   → (外 , 中)

(3) 다른 나라에 여행 가는 것은 해<u>외</u>여행   → (外 , 中)

(4) 하던 일을 중간에 멈추거나 그만두는 것은 <u>중</u>지   → (外 , 中)

3 다음 밑줄 친 말에 해당하는 한자를 **보기**에서 찾아 그 번호를 쓰세요.

보기

① 東   ② 北   ③ 中   ④ 外

(1) <u>가운데</u> 자리에 앉으시면 됩니다.   → (   )

(2) 화분을 <u>바깥</u>으로 내놓았습니다.   → (   )

(3) 공원 <u>가운데</u>에 큰 나무와 연못이 있습니다.   → (   )

(4) 고기가 <u>겉</u>만 익고 속은 익지 않아 먹을 수 없습니다.   → (   )

4 다음 밑줄 친 한자의 훈(뜻)과 음(소리)을 쓰세요.

(1)
> 5월 **中**순에 운동회가 열립니다.

훈: (   ) 음: (   )

(2)
> 가족과 함께 교**外**로 놀러 갔습니다.

훈: (   ) 음: (   )

5 다음 한자의 진하게 표시한 획은 몇 번째 쓰는지 **보기**에서 찾아 그 번호를 쓰세요.

보기
> ① 첫 번째   ② 세 번째   ③ 네 번째   ④ 다섯 번째

(1) 外 (   )   (2) 中 (   )

한자어 활용

6 다음 글에서 한자어의 독음(읽는 소리)을 쓰세요.

> 아버지나 어머니 중 한 사람이 **外國人**(□□□)인 가족을 '다문
> 화 가족'이라고 해요. 그동안 다문화 가족은 사회에서 **疏外**(소□)되
> 어 왔어요. 이 문제를 해결하려고 나라에서는 한국어 교육, 돌봄 서비스
> 등 여러 제도를 만들어 *시행하고 있어요. 다문화 가족이 겪는 어려움을
> 해결하기 위해서는 무엇보다 다문화 가족을 이해하려는 우리의 노력이
> 가장 필요해요.
>
> * 시행하고: 실제로 하고.

정리하기

주제별 한자를 그림과 함께 복습해요.

○ 다음 그림을 보고, 빈칸에 알맞은 漢字(한자)를 보기에서 찾아 쓰세요.

보기

| 大 | 小 | 東 | 西 | 南 | 北 | 外 | 中 |

❶ 마을에 나란히 늘어선 세 건물 중 가운데[　] 건물이 우체국입니다.

❷ 우체국의 동쪽[　]에는 병원이 있습니다.

❸ 병원 건물에는 작은[　] 창문이 많이 있습니다.

❹ 우체국의 서쪽[　]에는 도서관이 있습니다.

❺ 우체국 건너편에는 커다란[　] 공원이 있습니다.

❻ 공원 바깥[　]쪽에는 나무가 여러 그루 심어져 있습니다.

❼ 도서관의 북쪽[　]에는 마트가, 남쪽[　]에는 초등학교가 있습니다.

[1~7] 다음 글의 (   ) 안에 있는 漢字(한자)의 讀音(독음: 읽는 소리)을 쓰세요.

> 보기
>
> (漢) → 한

1   (東)양의 문화를 잘 보여 주는 한옥은   (   )

2   (西)양식 집과 다르게 생겼습니다.   (   )

3   (北)향은 햇볕이 잘 들지 않아   (   )

4   조상들은 주로 (南)향으로 한옥을 지었습니다.   (   )

5   한옥의 (大)문은 안쪽으로 열리게 되어 있고,   (   )

6   방과 방의 (中)간에 마루가 있어 여름에는 시원하고,   (   )

7   온돌이 있어 겨울에는 (外)부보다 따뜻합니다.   (   )

[8~15] 다음 訓(훈: 뜻)이나 음(음: 소리)에 알맞은 漢字(한자)를 보기 에서 찾아 그 번호를 쓰세요.

> 보기
>
> ① 大   ② 小   ③ 東   ④ 西
> ⑤ 南   ⑥ 北   ⑦ 中   ⑧ 外

8   소 (   )   9   중 (   )

10 남 (   )   11 동 (   )

12 큰 (   )   13 서녘 (   )

14 북녘 (   )   15 바깥 (   )

[16~23] 다음 밑줄 친 말에 해당하는 漢字(한자)를 **보기**에서 찾아 그 번호를 쓰세요.

<table>
<tr><td colspan="4" align="center">보기</td></tr>
<tr><td>① 大</td><td>② 小</td><td>③ 西</td><td>④ 北</td></tr>
<tr><td>⑤ 外</td><td>⑥ 東</td><td>⑦ 南</td><td>⑧ 中</td></tr>
</table>

16 해는 <u>서쪽</u>으로 집니다.　　　　　　　(　　　)

17 아기의 손이 무척 <u>작습니다</u>.　　　　　(　　　)

18 키가 <u>큰</u> 아이가 제 짝입니다.　　　　(　　　)

19 집 <u>밖</u>에서 신나게 뛰어놀았습니다.　(　　　)

20 <u>북쪽</u>에서 차가운 바람이 불어옵니다.　(　　　)

21 우리 마을 <u>동쪽</u>에는 큰 산이 있습니다.　(　　　)

22 무대 <u>가운데</u>에 한 아이가 서 있습니다.　(　　　)

23 가을이 되면 제비는 따뜻한 <u>남쪽</u>으로 내려갑니다.　(　　　)

[24~28] 다음 漢字(한자)의 訓(훈: 뜻)과 音(음: 소리)을 쓰세요.

<table>
<tr><td align="center">보기</td></tr>
<tr><td align="center">漢 ➡ 한나라 한</td></tr>
</table>

24 東 (　　　　　)　　　　**25** 西 (　　　　　)

26 外 (　　　　　)　　　　**27** 小 (　　　　　)

28 中 (　　　　　)

[29~32] 다음 漢字(한자)의 訓(훈: 뜻)을 보기에서 찾아 그 번호를 쓰세요.

보기			
① 큰	② 서녘	③ 남녘	④ 동녘

29 西 (　　　　　) 　　30 大 (　　　　　)

31 南 (　　　　　) 　　32 東 (　　　　　)

[33~36] 다음 漢字(한자)의 音(음: 소리)을 보기에서 찾아 그 번호를 쓰세요.

보기			
① 대	② 소	③ 외	④ 북

33 小 (　　　　　) 　　34 大 (　　　　　)

35 外 (　　　　　) 　　36 北 (　　　　　)

[37~40] 다음 漢字(한자)의 진하게 표시한 획은 몇 번째 쓰는지 보기에서 찾아 그 번호를 쓰세요.

보기			
① 세 번째	② 네 번째	③ 다섯 번째	④ 여섯 번째

37 東 (　　　　　) 　　38 大 (　　　　　)

39 南 (　　　　　) 　　40 中 (　　　　　)

1일   6~9쪽

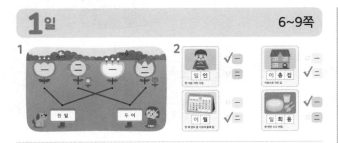

1 (1) 一, 한, 일 (2) 二, 두, 이

2 (1) 一 (2) 二 (3) 二 (4) 一

3 (1) ① (2) ① (3) ② (4) ②

4 (1) 한, 일 (2) 두, 이

5 (1) ① (2) ②

6 이십사, 일주일, 제일

2일   10~13쪽

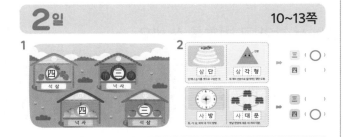

1 (1) 三, 석, 삼 (2) 四, 넉, 사

2 (1) 三 (2) 三 (3) 四 (4) 四

3 (1) ① (2) ④ (3) ① (4) ④

4 (1) 넉, 사 (2) 석, 삼

5 (1) ② (2) ③

6 사계절, 삼면

3일   14~17쪽

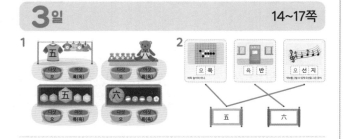

1 (1) 五, 다섯, 오 (2) 六, 여섯, 륙(육)

2 (1) 六 (2) 五 (3) 五 (4) 六

3 (1) ② (2) ③ (3) ③ (4) ②

4 (1) 다섯, 오 (2) 여섯, 육

5 (1) ③ (2) ②

6 오각형, 육각형

4일   18~21쪽

→ 일곱 칠: (4)개, 여덟 팔: (3)개

1 (1) 七, 일곱, 칠 (2) 八, 여덟, 팔

2 (1) 八 (2) 七 (3) 八 (4) 七

3 (1) ② (2) ① (3) ② (4) ①

4 (1) 일곱, 칠 (2) 여덟, 팔

5 (1) ① (2) ②

6 북두칠성, 일, 이, 삼, 칠, 팔

5일   22~25쪽

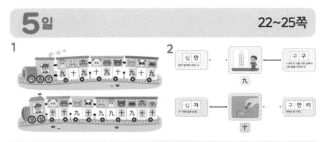

1 (1) 九, 아홉, 구 (2) 十, 열, 십

2 (1) 九 (2) 十 (3) 九 (4) 十

3 (1) ① (2) ③ (3) ① (4) ③

4 (1) 아홉, 구 (2) 열, 십

5 (1) ② (2) ①

6 구사일생, 십시일반

6일   26~29쪽

❶ 三   ❷ 七, 十   ❸ 五   ❹ 九   ❺ 六   ❻ 二, 四

❼ 一, 八

1 이	2 삼	3 오	4 칠	5 육	6 일	7 사
8 ①	9 ③	10 ⑦	11 ②	12 ⑧	13 ⑥
14 ⑤	15 ④	16 ⑧	17 ③	18 ①	19 ⑤
20 ②	21 ⑥	22 ⑦	23 ④	24 여섯 륙(육)	
25 넉 사	26 석 삼	27 한 일	28 두 이	29 ①	
30 ①	31 ②	32 ④	33 ③	34 ②	35 ①
36 ④	37 ③	38 ②	39 ④	40 ①	

7일 30~33쪽

1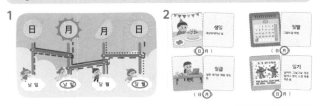

2

1 (1) 日, 날, 일 (2) 月, 달, 월

2 (1) 月 (2) 日 (3) 月 (4) 日

3 (1) ① (2) ④ (3) ④ (4) ①

4 (1) 날, 일 (2) 달, 월

5 (1) ② (2) ③

6 매일, 세월

8일 34~37쪽

1 2

1 (1) 火, 불, 화 (2) 水, 물, 수

2 (1) 水 (2) 水 (3) 火 (4) 火

3 (1) ② (2) ④ (3) ② (4) ④

4 (1) 불, 화 (2) 물, 수

5 (1) ④ (2) ②

6 화산, 호수

9일 38~41쪽

1 2

1 (1) 木, 나무, 목 (2) 金, 쇠 / 성, 금 / 김

2 (1) 金 (2) 木 (3) 金 (4) 木

3 (1) ③ (2) ④ (3) ③ (4) ④

4 (1) 쇠, 금 (2) 나무, 목

5 (1) ② (2) ③

6 목판, 금속

10일 42~45쪽

1 2

1 (1) 土, 흙, 토 (2) 山, 메, 산

2 (1) 山 (2) 土 (3) 山 (4) 土

3 (1) ③ (2) ① (3) ③ (4) ①

4 (1) 흙, 토 (2) 메, 산

5 (1) ② (2) ③

6 국토, 산맥

11일 46~49쪽

❶ 日   ❷ 水   ❸ 木   ❹ 金   ❺ 山, 月   ❻ 土

❼ 火

1 금	2 일	3 목	4 토	5 수	6 월	7 산
8 ①	9 ②	10 ⑦	11 ③	12 ⑤	13 ⑧	
14 ⑥	15 ④	16 ⑥	17 ③	18 ⑤	19 ②	
20 ④	21 ①	22 ⑧	23 ⑦	24 날 일		
25 불 화	26 나무 목	27 물 수	28 메 산	29 ②		
30 ③	31 ①	32 ④	33 ④	34 ②	35 ③	
36 ①	37 ③	38 ④	39 ②	40 ①		

12일 50~53쪽

1 2

1 (1) 人, 사람, 인 (2) 女, 여자, 녀(여)

2 (1) 女 (2) 人 (3) 人 (4) 女

3 (1) ④ (2) ① (3) ① (4) ④

4 (1) 여자, 녀 (2) 사람, 인

5 (1) ① (2) ③

6 인물, 여성

13일 54~57쪽

1 (1) 父, 아비, 부 (2) 母, 어미, 모

2 (1) 母 (2) 母 (3) 父 (4) 父

3 (1) ③ (2) ② (3) ③ (4) ②

4 (1) 어미, 모 (2) 아비, 부

5 (1) ④ (2) ②

6 모유, 부성애

14일 58~61쪽

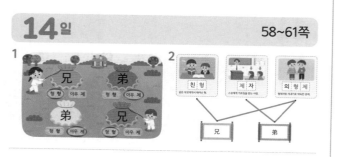

1 (1) 兄, 형, 형 (2) 弟, 아우, 제

2 (1) 兄 (2) 弟 (3) 兄 (4) 弟

3 (1) ③ (2) ③ (3) ① (4) ①

4 (1) 형, 형 (2) 아우, 제

5 (1) ③ (2) ④

6 형제, 제자

15일 62~65쪽

1 (1) 寸, 마디, 촌 (2) 長, 긴, 장

2 (1) 長 (2) 寸 (3) 長 (4) 寸

3 (1) ④ (2) ② (3) ④ (4) ②

4 (1) 마디, 촌 (2) 긴, 장

5 (1) ① (2) ④

6 촌수, 장남

16일 66~69쪽

❶ 女 ❷ 父, 母 ❸ 兄 ❹ 弟 ❺ 長 ❻ 人
❼ 寸

1 녀	2 인	3 제	4 형	5 모	6 장	7 부
8 ⑥	9 ④	10 ⑦	11 ③	12 ⑤	13 ②
14 ①	15 ⑧	16 ③	17 ⑤	18 ④	19 ①
20 ②	21 ⑧	22 ⑥	23 ⑦	24 여자 녀(여)
25 어미 모	26 형 형	27 마디 촌	28 아비 부
29 ①	30 ③	31 ②	32 ④	33 ③	34 ②
35 ④	36 ①	37 ①	38 ③	39 ②	40 ④

17일 70~73쪽

1 (1) 學, 배울, 학 (2) 校, 학교, 교

2 (1) 學 (2) 校 (3) 校 (4) 學

3 (1) ② (2) ③ (3) ② (4) ③

4 (1) 학교, 교 (2) 배울, 학

5 (1) ④ (2) ③

6 학교, 과학

18일 74~77쪽

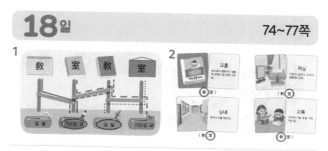

1 (1) 敎, 가르칠, 교 (2) 室, 집, 실

2 (1) 敎 (2) 室 (3) 室 (4) 敎

3 (1) ① (2) ③ (3) ① (4) ③

4 (1) 집, 실 (2) 가르칠, 교

5 (1) ④ (2) ②

6 교실, 실내

19일
78~81쪽

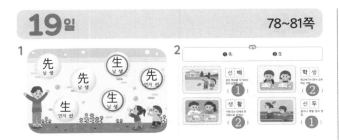

1 (1) 先, 먼저, 선 (2) 生, 날, 생

2 (1) 先 (2) 生 (3) 生 (4) 先

3 (1) ④ (2) ② (3) ② (4) ④

4 (1) 먼저, 선 (2) 날, 생

5 (1) ③ (2) ④

6 선조, 일상

20일
82~85쪽

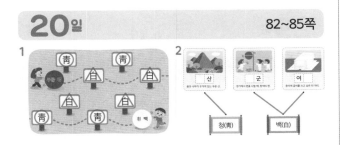

1 (1) 靑, 푸를, 청 (2) 白, 흰, 백

2 (1) 白 (2) 白 (3) 靑 (4) 靑

3 (1) ① (2) ③ (3) ① (4) ③

4 (1) 푸를, 청 (2) 흰, 백

5 (1) ② (2) ③

6 백지장, 청소년기

21일
86~89쪽

❶ 校 ❷ 室 ❸ 學 ❹ 敎 ❺ 白 ❻ 先
❼ 靑, 生

1 청	2 학	3 생	4 교	5 실	6 선	7 교
8 ⑧	9 ⑤	10 ④	11 ⑥	12 ⑦	13 ②
14 ①	15 ③	16 ⑤	17 ①	18 ③	19 ②
20 ④	21 ⑥	22 ⑦	23 ⑧	24 집 실	25 흰 백
26 먼저 선	27 학교 교	28 가르칠 교		29 ②
30 ①	31 ③	32 ④	33 ②	34 ④	35 ③
36 ①	37 ④	38 ②	39 ③	40 ①

22일
90~93쪽

1 (1) 韓, 한국 / 나라, 한 (2) 國, 나라 / 국가, 국

2 (1) 韓 (2) 韓 (3) 國 (4) 國

3 (1) ① (2) ① (3) ② (4) ②

4 (1) 나라 / 국가, 국 (2) 한국 / 나라, 한

5 (1) ① (2) ②

6 국민, 대한민국

23일
94~97쪽

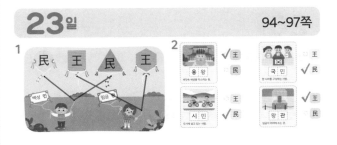

1 (1) 王, 임금, 왕 (2) 民, 백성, 민

2 (1) 王 (2) 王 (3) 民 (4) 民

3 (1) ④ (2) ① (3) ④ (4) ①

4 (1) 백성, 민 (2) 임금, 왕

5 (1) ② (2) ③

6 대왕, 농민

24일
98~101쪽

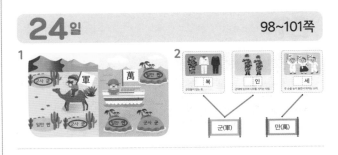

1 (1) 軍, 군사, 군 (2) 萬, 일만, 만

2 (1) 軍 (2) 軍 (3) 萬 (4) 萬

3 (1) ③ (2) ② (3) ③ (4) ②

4 (1) 일만, 만 (2) 군사, 군

5 (1) ② (2) ④

6 군사, 삼십만

25일 102~105쪽

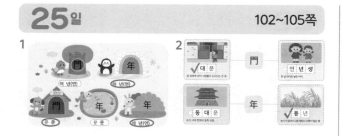

1 (1) 門, 문, 문 (2) 年, 해, 년(연)

2 (1) 門 (2) 年 (3) 年 (4) 門

3 (1) ③ (2) ③ (3) ④ (4) ④

4 (1) 해, 년 (2) 문, 문

5 (1) ④ (2) ③

6 년도, 전문

26일 106~109쪽

❶ 年 ❷ 國 ❸ 韓 ❹ 民 ❺ 門 ❻ 萬, 王 ❼ 軍

1 한	2 민	3 문	4 왕	5 국	6 군	7 연
8 ⑦	9 ⑥	10 ⑧	11 ③	12 ④	13 ②
14 ⑤	15 ①	16 ①	17 ⑤	18 ④	19 ②
20 ③	21 ⑥	22 ⑦	23 ⑧	24 문 문	25 백성 민

26 나라 / 국가 국　27 일만 만　28 한국 / 나라 한

| 29 ① | 30 ④ | 31 ② | 32 ③ | 33 ② | 34 ① |
| 35 ③ | 36 ④ | 37 ① | 38 ④ | 39 ② | 40 ③ |

27일 110~113쪽

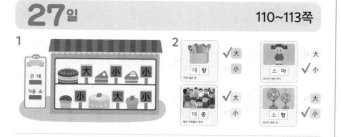

1 (1) 大, 큰, 대 (2) 小, 작을, 소

2 (1) 大 (2) 小 (3) 大 (4) 小

3 (1) ④ (2) ② (3) ④ (4) ②

4 (1) 큰, 대 (2) 작을, 소

5 (1) ② (2) ①

6 확대, 축소

28일 114~117쪽

1 (1) 東, 동녘, 동 (2) 西, 서녘, 서

2 (1) 西 (2) 東 (3) 西 (4) 東

3 (1) ② (2) ② (3) ③ (4) ③

4 (1) 동녘, 동 (2) 서녘, 서

5 (1) ③ (2) ④

6 동양, 서양

29일 118~121쪽

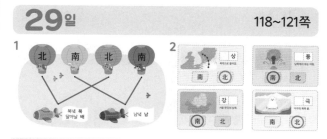

1 (1) 南, 남녘, 남 (2) 北, 북녘 / 달아날, 북 / 배

2 (1) 北 (2) 南 (3) 北 (4) 南

3 (1) ④ (2) ① (3) ④ (4) ①

4 (1) 북녘 북 (2) 남녘, 남

5 (1) ③ (2) ①

6 남극, 북극

30일 122~125쪽

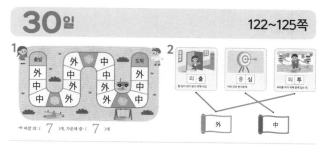

1 (1) 外, 바깥, 외 (2) 中, 가운데, 중

2 (1) 中 (2) 外 (3) 外 (4) 中

3 (1) ③ (2) ④ (3) ③ (4) ④

4 (1) 가운데, 중 (2) 바깥, 외

5 (1) ③ (2) ②

6 외국인, 소외

31일 126~129쪽

❶ 中　❷ 東　❸ 小　❹ 西　❺ 大　❻ 外
❼ 北, 南

1 동　2 서　3 북　4 남　5 대　6 중　7 외
8 ②　9 ⑦　10 ⑤　11 ③　12 ①　13 ④
14 ⑥　15 ⑧　16 ③　17 ②　18 ①　19 ⑤
20 ④　21 ⑥　22 ⑧　23 ⑦　24 동녘 동
25 서녘 서　26 바깥 외　27 작을 소　28 가운데 중
29 ②　30 ①　31 ③　32 ④　33 ②　34 ①
35 ③　36 ④　37 ④　38 ①　39 ③　40 ②

8급 문제지 1회 138~140쪽

1 일　2 삼　3 촌　4 대　5 민
6 한　7 사　8 외　9 국　10 인
11 ⑤　12 ⑥　13 ①　14 ⑨　15 ⑦
16 ②　17 ③　18 ⑧　19 ④　20 ⑩
21 ⑩　22 ④　23 ⑧　24 ③　25 ②
26 ⑦　27 ⑥　28 ①　29 ⑨　30 ⑤
31 물 수　32 메 산　33 해 년(연)　34 아홉 구
35 백성 민　36 일만 만　37 여섯 륙(육)
38 학교 교　39 아우 제　40 남녘 남
41 ④　42 ①　43 ②　44 ③　45 ④
46 ②　47 ③　48 ①　49 ⑤　50 ③

8급 문제지 2회 141~143쪽

1 한　2 선　3 서　4 년　5 문
6 실　7 장　8 생　9 중　10 인
11 ②　12 ⑧　13 ③　14 ⑩　15 ⑥
16 ⑤　17 ⑨　18 ④　19 ①　20 ⑦
21 ⑤　22 ③　23 ⑨　24 ①　25 ⑩
26 ⑥　27 ②　28 ⑦　29 ⑧　30 ④
31 넉 사　32 두 이　33 날 일　34 긴 장
35 여자 녀(여)　36 배울 학　37 한국 / 나라 한
38 푸를 청　39 동녘 동　40 가르칠 교
41 ①　42 ③　43 ②　44 ④　45 ②
46 ③　47 ④　48 ①　49 ③　50 ⑤

8급 문제지 3회 144~146쪽

1 년　2 사　3 월　4 오　5 일
6 목　7 녀　8 국　9 산　10 토
11 ③　12 ④　13 ⑧　14 ②　15 ⑤
16 ⑥　17 ①　18 ⑦　19 ⑩　20 ⑨
21 ⑨　22 ④　23 ⑦　24 ⑥　25 ⑩
26 ①　27 ③　28 ⑤　29 ⑧　30 ②
31 날 생　32 집 실　33 형 형　34 흙 토
35 쇠 금 / 성 김　36 여덟 팔　37 나무 목
38 마디 촌　39 배울 학　40 아비 부
41 ②　42 ④　43 ③　44 ①　45 ④
46 ①　47 ③　48 ②　49 ⑤　50 ②

 # 한자능력검정시험 알아보기

❶ 준비물

- 수험표

- 주민등록등본, 의료보험증 사본 등 수험생의 성명, 사진, 생년월일이 기재된 서류

- 검정색 볼펜, 수정액 혹은 수정 테이프

❷ 응시 안내

고사장 도착	배치표 확인	고사실 입실	지정석 착석
시험 시작 전에 여유 있게 도착해요.	고사장 건물에 부착된 고사실 배치표를 확인해요.	고사실 입구의 표지를 확인하고 들어가요.	본인의 수험 번호표가 붙어 있는 지정석에 앉아요.

❸ 답안 작성 유의 사항

- 필기구는 검정색 볼펜, 일반 수성(플러스)펜을 사용해야 합니다.

- 연필, 붓펜, 네임펜, 컴퓨터용펜, 유성펜류는 뭉개져 흐려지거나 번지거나 반대편으로 배어 나와 채점 시 불이익을 받을 수 있습니다.

- 데이터 입력은 문자 인식 과정을 거치는데, 지정된 필기구를 사용하지 않거나 검정색이 아닌 펜으로 작성된 답안지는 인식 과정에서 문제가 발생할 수 있습니다.

- 답안 수정은 수정액과 수정 테이프를 사용할 수 있습니다.

- 한자능력검정시험은 국어를 바르게 쓰는 것에 목표를 두므로, 답안 작성 시 두음법칙을 지키지 않거나 국어 표기법이 맞지 않으면 해당 한자 음이더라도 오답 처리됩니다.

- 응시자 정보를 기재할 때에는 성명, 수험 번호, 생년월일은 반드시 응시 원서와 동일하게 작성해야 합니다. 성명을 비롯한 모든 항목은 맨 앞 칸부터 띄어쓰기 없이 기입합니다.

❹ 한자 급수 시험 주최 기관 안내

- 한국어문회(한국한자능력검정회): https://www.hanja.re.kr/

- 대한검정회: https://www.hanja.ne.kr

- 한자교육진흥회: https://web.hanja114.org

- 상공회의소: https://license.korcham.net

한자능력검정시험 대비 모의 시험

한자능력검정시험 대비 모의 시험 유의 사항

- 본 모의 시험은 (사)한국어문회 주관·한국한자능력검정회 시행 시험 문제 유형으로 출제하였습니다. <하루 한장 급수 한자 8급> 학습을 마친 다음에 풀어 보세요.
- 실제 한자능력검정시험 8급의 시험 시간은 50분입니다. 시험 시간을 지키며 1회 분량씩 문제지를 풀어 보세요.
- 문제지와 함께 답안지를 제공하였습니다. 답안지를 자른 다음 사용하세요.
- 모의 시험 문제지를 모두 풀이한 다음 본 교재의 바른 답(135쪽)을 보고 채점하여 자신의 실력을 점검해 보세요. 틀린 문제는 다시 풀어 보세요.

8級

시험 문항: 50문항 / 시험 시간: 50분 / 시험 일자: 20○○. ○○. ○○.

* 성명과 수험 번호를 쓰고 문제지와 답안지는 함께 제출하세요.

성명 (   )   수험 번호 □□□-□□-□□□□

[1~10] 다음 글의 (   ) 안에 있는 漢字(한자)의 讀音(독음: 읽는 소리)을 쓰세요.

보기	(漢) → 한

[1] 휴(日)을 맞아

[2] (三)

[3] (寸)과

[4] (大)중교통을 타고

[5] (民)속촌에 가서

[6] (韓)옥과

[7] (四)물놀이 공연을 보았습니다.

[8] (外)

[9] (國)

[10] (人)들도 많았습니다.

[11~20] 다음 訓(훈: 뜻)이나 音(음: 소리)에 알맞은 漢字(한자)를 〈보기〉에서 찾아 그 번호를 쓰세요.

보기	① 木 ② 七
	③ 火 ④ 軍
	⑤ 四 ⑥ 母
	⑦ 室 ⑧ 土
	⑨ 門 ⑩ 中

[11] 넷

[12] 모

[13] 목

[14] 문

[15] 집

[16] 칠

[17] 화

[18] 흙

[19] 군사

[20] 가운데

[21~30] 다음 밑줄 친 말에 해당하는 漢字(한자)를 <보기>에서 찾아 그 번호를 쓰세요.

보기	① 王	② 月
	③ 一	④ 十
	⑤ 敎	⑥ 白
	⑦ 小	⑧ 先
	⑨ 五	⑩ 木

[21] 나무를 베었습니다.

[22] 사과를 열 개 샀습니다.

[23] 우리가 먼저 도착했습니다.

[24] 술래가 하나부터 세었습니다.

[25] 이번 달에 가족여행을 갑니다.

[26] 글씨가 너무 작아서 안 보입니다.

[27] 흰 떡에서 김이 모락모락 납니다.

[28] 궁궐은 임금이 사는 큰 집입니다.

[29] 오빠는 나보다 다섯 살이 많습니다.

[30] 친구에게 뺄셈을 가르쳐 주었습니다.

[31~40] 다음 漢字(한자)의 訓(훈: 뜻)과 音(음: 소리)을 쓰세요.

보기	漢 → 한나라 한

[31] 水

[32] 山

[33] 年

[34] 九

[35] 民

[36] 萬

[37] 六

[38] 校

[39] 弟

[40] 南

[41~44] 다음 漢字(한자)의 訓(훈: 뜻)을 〈보기〉에서 찾아 그 번호를 쓰세요.

보기	① 긴	② 날
	③ 배울	④ 푸를

[41] 靑

[42] 長

[43] 生

[44] 學

[45~48] 다음 漢字(한자)의 音(음: 소리)을 〈보기〉에서 찾아 그 번호를 쓰세요.

보기	① 금	② 서
	③ 팔	④ 한

[45] 韓

[46] 西

[47] 八

[48] 金

[49~50] 다음 漢字(한자)의 진하게 표시한 획은 몇 번째 쓰는지 〈보기〉에서 찾아 그 번호를 쓰세요.

보기	① 첫 번째
	② 두 번째
	③ 세 번째
	④ 네 번째
	⑤ 다섯 번째

[49] 軍

[50] 金

♣ 수고하셨습니다.

〈끝〉

8級	시험 문항: 50문항 / 시험 시간: 50분 / 시험 일자: 20○○. ○○. ○○.
	* 성명과 수험 번호를 쓰고 문제지와 답안지는 함께 제출하세요.
	성명 ( ) 수험 번호 □□□-□□-□□□□

[1~10] 다음 글의 (   ) 안에 있는 漢字(한자)의 讀音(독음: 읽는 소리)을 쓰세요.

보기	(漢) → 한나라 한

[1] (韓)지는

[2] (先)조들이 사용한 종이입니다.

[3] (西)양의 종이와는 달리

[4] 천 (年)이 지나도 변하지 않는다는

[5] 한지를 (門)에 바르면

[6] (室)내가 따뜻합니다.

[7] 이 밖에도 (長)점이 많아

[8] (生)활 곳곳에 쓰였습니다.

[9] 한지는 (中)국에서도

[10] (人)기가 무척 많았습니다.

[11~20] 다음 訓(훈: 뜻)이나 音(음: 소리)에 알맞은 漢字(한자)를 〈보기〉에서 찾아 그 번호를 쓰세요.

보기	① 一	② 九
	③ 金	④ 人
	⑤ 寸	⑥ 弟
	⑦ 校	⑧ 國
	⑨ 外	⑩ 北

[11] 구

[12] 국

[13] 금

[14] 북

[15] 제

[16] 촌

[17] 바깥

[18] 사람

[19] 한

[20] 학교

[29] 남쪽 지방에 태풍이 온다고 합니다.

[30] 백성들에게 쌀을 나누어 주었습니다.

[21~30] 다음 밑줄 친 말에 해당하는 漢字(한자)를 〈보기〉에서 찾아 그 번호를 쓰세요.

보기	① 父	② 三
	③ 土	④ 民
	⑤ 門	⑥ 中
	⑦ 大	⑧ 南
	⑨ 水	⑩ 兄

[21] 문을 닫습니다.

[22] 흙으로 성을 쌓았습니다.

[23] 개미가 물에 빠졌습니다.

[24] 아버지와 낚시를 했습니다.

[25] 형은 내년에 중학생이 됩니다.

[26] 식탁 가운데에 찌개를 놓았습니다.

[27] 도서관에서 책을 세 권 빌렸습니다.

[28] 큰 다리를 건너면 병원이 있습니다.

[31~40] 다음 漢字(한자)의 訓(훈: 뜻)과 音(음: 소리)을 쓰세요.

보기	漢 ➔ 한나라 한

[31] 四

[32] 二

[33] 日

[34] 長

[35] 女

[36] 學

[37] 韓

[38] 靑

[39] 東

[40] 敎

[41~44] 다음 漢字(한자)의 訓(훈: 뜻)을 〈보기〉에서 찾아 그 번호를 쓰세요.

보기	① 집	② 나무
	③ 서녘	④ 일만

[41] 室

[42] 西

[43] 木

[44] 萬

[45~48] 다음 漢字(한자)의 音(음: 소리)을 〈보기〉에서 찾아 그 번호를 쓰세요.

보기	① 백	② 소
	③ 오	④ 왕

[45] 小

[46] 五

[47] 王

[48] 白

[49~50] 다음 漢字(한자)의 진하게 표시한 획은 몇 번째 쓰는지 〈보기〉에서 찾아 그 번호를 쓰세요.

보기	① 첫 번째
	② 두 번째
	③ 세 번째
	④ 네 번째
	⑤ 다섯 번째

[49] 母

[50] 國

♣ 수고하셨습니다.

〈끝〉

한자능력검정시험 대비 8급 문제지 **3회**

8級

시험 문항: 50문항 / 시험 시간: 50분 / 시험 일자: 20○○. ○○. ○○.

* 성명과 수험 번호를 쓰고 문제지와 답안지는 함께 제출하세요.

성명 (   )   수험 번호 □□□-□□-□□□□

[1~10] 다음 글의 (   ) 안에 있는 漢字(한자)의 讀音(독음: 읽는 소리)을 쓰세요.

보기	(漢) → 한

[1] 매(年)

[2] (四)

[3] (月)

[4] (五)

[5] (日)은

[6] 식(木)일입니다.

[7] 남(女)노소 할 것 없이

[8] 전(國)의 많은 사람이

[9] (山)에 나무를 심어

[10] 국(土)를 푸르게 만듭니다.

[11~20] 다음 訓(훈: 뜻)이나 音(음:소리)에 알맞은 漢字(한자)를 〈보기〉에서 찾아 그 번호를 쓰세요.

보기	① 五	② 十
	③ 月	④ 水
	⑤ 長	⑥ 學
	⑦ 先	⑧ 白
	⑨ 韓	⑩ 西

[11] 달

[12] 물

[13] 백

[14] 십

[15] 장

[16] 학

[17] 다섯

[18] 먼저

[19] 서녘

[20] 한국

[21~30] 다음 밑줄 친 말에 해당하는 漢字(한자)를 〈보기〉에서 찾아 그 번호를 쓰세요.

보기	① 四	② 七
	③ 火	④ 山
	⑤ 人	⑥ 母
	⑦ 校	⑧ 敎
	⑨ 萬	⑩ 小

[21] 이 바지는 만 원입니다.

[22] 우리나라는 산이 많습니다.

[23] 학교 근처로 이사를 갑니다.

[24] 엄마가 만들어 준 인형입니다.

[25] 몸집은 작아도 목소리는 큽니다.

[26] 개가 새끼를 네 마리 낳았습니다.

[27] 불을 끄는 소방관이 될 것입니다.

[28] 모인 사람은 모두 이십 명입니다.

[29] 동생에게 구구단을 가르쳐 줍니다.

[30] 하늘에 일곱 개의 별이 떠 있습니다.

[31~40] 다음 漢字(한자)의 訓(훈: 뜻)과 音(음: 소리)을 쓰세요.

보기	漢 ➡ 한나라 한

[31] 生

[32] 室

[33] 兄

[34] 土

[35] 金

[36] 八

[37] 木

[38] 寸

[39] 學

[40] 父

[41~44] 다음 漢字(한자)의 訓(훈: 뜻)을 〈보기〉에서 찾아 그 번호를 쓰세요.

보기	① 나라	② 바깥
	③ 백성	④ 아우

[41] 外

[42] 弟

[43] 民

[44] 國

[45~48] 다음 漢字(한자)의 音(음: 소리)을 〈보기〉에서 찾아 그 번호를 쓰세요.

보기	① 군	② 육
	③ 중	④ 청

[45] 靑

[46] 軍

[47] 中

[48] 六

[49~50] 다음 漢字(한자)의 진하게 표시한 획은 몇 번째 쓰는지 〈보기〉에서 찾아 그 번호를 쓰세요.

보기	① 첫 번째
	② 두 번째
	③ 세 번째
	④ 네 번째
	⑤ 다섯 번째

[49]

[50] 門

♣ 수고하셨습니다.

〈끝〉

수험 번호:□□□-□□-□□□□ 성명:□□□□□

생년월일:□□□□□□ * 유성 사인펜, 붉은색 필기구 사용 불가

* 답안지는 컴퓨터로 처리되므로 구기거나 더럽히지 마시고, 정답 칸 안에만 쓰십시오.

  글씨가 채점란으로 들어오면 오답 처리가 됩니다.

한자능력검정시험 대비 8급 문제지 **1회** 답안지(1)

번호	정답 (답안란)	채점란		번호	정답 (답안란)	채점란	
1				13			
2				14			
3				15			
4				16			
5				17			
6				18			
7				19			
8				20			
9				21			
10				22			
11				23			
12				24			

감독위원	채점위원(1)		※ 뒷면으로 이어짐.
(서명)	(득점)	(서명)	

답안란		채점란		답안란		채점란	
번호	정답			번호	정답		
25				38			
26				39			
27				40			
28				41			
29				42			
30				43			
31				44			
32				45			
33				46			
34				47			
35				48			
36				49			
37				50			

한자능력검정시험 대비 8급 문제지 2회 답안지(1)

번호	답안란 정답	채점란		번호	답안란 정답	채점란	
1				13			
2				14			
3				15			
4				16			
5				17			
6				18			
7				19			
8				20			
9				21			
10				22			
11				23			
12				24			

감독위원	채점위원(1)		※ 뒷면으로 이어짐.
(서명)	(득점)	(서명)	

답안란		채점란		답안란		채점란	
번호	정답			번호	정답		
25				38			
26				39			
27				40			
28				41			
29				42			
30				43			
31				44			
32				45			
33				46			
34				47			
35				48			
36				49			
37				50			

한자능력검정시험 대비 8급 문제지 **3회** 답안지(1)

번호	답안란 정답	채점란		번호	답안란 정답	채점란	
1				13			
2				14			
3				15			
4				16			
5				17			
6				18			
7				19			
8				20			
9				21			
10				22			
11				23			
12				24			

감독위원	채점위원(1)		
(서명)	(득점)	(서명)	※ 뒷면으로 이어짐.

자르는 선

한자능력검정시험 대비 8급 문제지 3회 답안지(2)

번호	정답	채점란		번호	정답	채점란	
25				38			
26				39			
27				40			
28				41			
29				42			
30				43			
31				44			
32				45			
33				46			
34				47			
35				48			
36				49			
37				50			

퍼즐 학습으로 재미있게 초등 어휘력을 키우자!

하루 4개씩 25일 완성!

어휘력을 키워야 문해력이 자랍니다.
문해력은 국어는 물론 모든 공부의 기본이 됩니다.

퍼즐런 시리즈로
재미와 학습 효과 두 마리 토끼를 잡으며,
문해력과 함께 공부의 기본을
확실하게 다져 놓으세요.

Fun! Puzzle! Learn!

재미있게!　　　퍼즐로!　　　배워요!

미래엔 초등 도서 목록

초코

교과서 달달 쓰기 · 교과서 달달 풀기
1~2학년 국어·수학 교과 학습력을 향상시키고
초등 코어를 탄탄하게 세우는 기본 학습서
[4책] 국어 1~2학년 학기별
[4책] 수학 1~2학년 학기별

미래엔 교과서 길잡이, 초코
초등 공부의 핵심[CORE]를 탄탄하게 해 주는
슬림 & 심플한 교과 필수 학습서
[8책] 국어 3~6학년 학기별, [8책] 수학 3~6학년 학기별
[8책] 사회 3~6학년 학기별, [8책] 과학 3~6학년 학기별

전과목 단원평가
빠르게 단원 핵심을 정리하고, 수준별 문제로 실전력을 키우는
교과 평가 대비 학습서
[8책] 3~6학년 학기별

문제 해결의 길잡이

원리 8가지 문제 해결 전략으로 문장제와 서술형 문제 정복
[12책] 1~6학년 학기별

심화 문장제 유형 정복으로 초등 수학 최고 수준에 도전
[6책] 1~6학년 학년별

초등 필수 어휘를 퍼즐로 재미있게 익히는 학습서
[3책] 사자성어, 속담, 맞춤법

하루한장 예비 초등

한글완성
초등학교 입학 전 한글 읽기·쓰기 동시에 끝내기
[3책] 기본 자모음, 받침, 복잡한 자모음

예비초등
기본 학습 능력을 향상하며 초등학교 입학을 준비하기
[2책] 국어, 수학

하루한장 독해

독해 시작편
초등학교 입학 전 기본 문해력 익히기 30일 완성
[2책] 문장으로 시작하기, 짧은 글 독해하기

어휘
문해력의 기초를 다지는 초등 필수 어휘 학습서
[6책] 1~6학년 단계별

독해
국어 교과서와 연계하여 문해력의 기초를 다지는 독해 기본서
[6책] 1~6학년 단계별

독해+플러스
본격적인 독해 훈련으로 문해력을 향상시키는 독해 실전서
[6책] 1~6학년 단계별

비문학 독해 (사회편·과학편)
비문학 독해로 배경지식을 확장하고 문해력을 완성시키는
독해 심화서
[사회편 6책, 과학편 6책] 1~6학년 단계별

초등학교에서 탄탄하게 닦아 놓은
공부력이 중·고등 학습의 실력을 가릅니다.

하루한장 쏙셈

쏙셈 시작편
초등학교 입학 전 연산 시작하기
[2책] 수 세기, 셈하기

쏙셈
교과서에 따른 수·연산·도형·측정까지 계산력 향상하기
[12책] 1~6학년 학기별

쏙셈+플러스
문장제 문제부터 창의·사고력 문제까지 수학 역량 키우기
[12책] 1~6학년 학기별

쏙셈 분수·소수
3~6학년 분수·소수의 개념과 연산 원리를 집중 훈련하기
[분수 2책, 소수 2책] 3~6학년 학년군별

하루한장 한국사

큰별★쌤 최태성의 한국사
최태성 선생님의 재미있는 강의와 시각 자료로
역사의 흐름과 사건을 이해하기
[3책] 3~6학년 시대별

하루한장 한자

그림 연상 한자로 교과서 어휘를 익히고 급수 시험까지 대비하기
[4책] 1~2학년 학기별

하루한장 급수 한자

하루한장 한자 학습법으로 한자 급수 시험 완벽하게 대비하기
[3책] 8급, 7급, 6급

하루한장 ENGLISH BITE

ENGLISH BITE 알파벳 쓰기
알파벳을 보고 듣고 따라쓰며 읽기·쓰기 한 번에 끝내기
[1책]

ENGLISH BITE 파닉스
자음과 모음 결합 과정의 발음 규칙 학습으로
영어 단어 읽기 완성
[2책] 자음과 모음, 이중자음과 이중모음

ENGLISH BITE 사이트 워드
192개 사이트 워드 학습으로 리딩 자신감 키우기
[2책] 단계별

ENGLISH BITE 영문법
문법 개념 확인 영상과 함께 영문법 기초 실력 다지기
[Starter 2책 , Basic 2책] 3~6학년 단계별

ENGLISH BITE 영단어
초등 영어 교육과정의 학년별 필수 영단어를
다양한 활동으로 익히기
[4책] 3~6학년 단계별

초등 교과서 발행사 미래엔의
교재로 초등 시기에 길러야 하는
공부력을 강화해 주세요.

초등 국어 교과서 발행사 미래엔의

문해력 향상 프로젝트

문해력의 **기본**을 다져요

1~6학년 단계별 총 6책

1~6학년 단계별 총 6책

하루 한장 어휘로 **필수 어휘** 익히고!

❶ 학습 단계별로 필수 어휘를 선정하고 난이도를 구분하여 어휘 실력을 키워 갑니다.

❷ 독해 지문을 읽고 문제를 풀어보면서 어휘 실력을 확인합니다.

❸ 교과서 및 실생활 등에서 사용하는 어휘 활용을 익혀 문해력의 바탕을 다집니다.

하루 한장 독해로 **기본 독해력**을 다지고!

❶ 초등 학습의 바탕이 되는 문해력의 기본을 다질 수 있습니다.

❷ 교과 학습 단계에 맞추어 체계적으로 실력을 키워 독해의 자신감을 기릅니다.

❸ 새 교육과정에 따라 다양한 지문과 매체 자료 등을 독해합니다.